Rolf Walter   »Lausbuaba, elende!«

Dr. Rolf Walter wurde 1953 in Kirchheim unter Teck geboren. Er wuchs in der Stadtmitte, in Raichles Viereck, im Haus Schuhstraße 3 auf, wo seine Eltern einen Fleischerladen betrieben.

Neben einer Reihe von Fachbüchern veröffentlichte er 2004 ein erstes »Schmunzelbuch« (wie er es nennt): ›Herr Professor, Sie sind ein Lausbub!‹ Eine autobiographische Spätlese. Das vorliegende Büchlein ist als weitere Sympathiebekundung des Autors an seine Heimatstadt und ihre liebenswürdigen Bewohner zu verstehen und trägt wiederum autobiographische Züge.

Wer mee wissa will, guckt oifach ens Indrned onder:

www.lausbuaba.de

Rolf Walter

»Lausbuaba, elende!«

Band 2 der Bad-boy-Geschichten

INHALTSVERZEICHNIS

Jetzt lass' me no ganga...

... mögen Sie sagen. »Lausbuaba, elende! Isch emmer no et Schluss mit uire Stroich?« Nein, ist die schlichte Antwort. Lausbuben gehören zum lebendigen gesellschaftlichen Vermögen einer Stadt wie, sagen wir, die Bürgermeisterin oder der Bademeister, die Pfarrerin und der Lehrer. Irgendwie sind alle sozialen Gruppen aufeinander bezogen, vielfältig miteinander verflochten, ja: voneinander abhängig. Was wäre beispielsweise ein Parkwächter ohne Lausbuben: überflüssig! So war es auch in Kirchheim, der hübschen Zähringerstadt am Fuße – eigentlich schon fast am Zeh – des majestätischen Teckberges gelegen. Wahrlich majestätisch! Denn das Geschlecht derer von der Teck ist um ein paar Ecken mit dem englischen Königshaus verwandt, weshalb ein Mitglied der Königsfamilie anlässlich eines Deutschland-Besuchs (der Begriff Deutschland-Tournee war damals noch nicht erfunden) schon mal unseren Hausberg besuchte.

In der Stadt Kirchheim hatten schon vor Jahrhunderten Majestäten ihren Sitz. Das Schloss zeugt davon. Die Herzogin liebte die Stadt. Und die Stadt liebte sie, auch wenn die Liebhaber bedauerlicherweise namentlich unbekannt blieben. Das wär's ja noch gewesen, gell?!

Im Jahre 2005 verjährte das Erscheinen von Ludwig Thomas »Lausbubengeschichten« – aus Film und Fernsehen der Wirtschaftswunderzeit allgemein bekannt – zum hundertsten Mal. Jedem sind noch die Geschichten und deren Hauptfiguren, etwa »Der Kindlein«, »Der vornehme Knabe« und »Gretchen Vollbeck« in Erinnerung. Oder wer kennt nicht die später erschienenen »Tante Frieda«-Geschichten. Jeder las oder hörte auch die witzig-satirischen Erzählungen von Erich Kästner, insbesondere aus seinem Buch »Als ich noch ein kleiner Junge war«. In diesen

Erzählungen kommen immer wieder markante Charaktere vor, Menschen mit unverwechselbaren Eigenheiten, Typen eben. Mit einigen von ihnen trieben die Lausbuben ihre Streiche, weshalb das ganze literarische Genre im anglo-amerikanischen Sprachraum auch »Bad-boy-Literatur« genannt wird. Thoma war ein besonders populärer Vertreter dieser Literaturgattung, die häufig mundartliche Elemente enthält oder neben individuellen auch kollektive Charaktere und Mentalitäten beschreibt. Mark Twain war ein anderer, vielleicht der weltweit bekannteste Repräsentant dieser Gattung, dessen Lausbuben sogar Weltruhm erlangten und vor wenigen Jahren ihrem Schöpfer zu dessen hundertstem Geburtstag huldigten. Solche Tom Sawyers und Huckleberry Finns lebten und leben in buchstäblich jeder größeren oder kleineren Kommune dieser Erde. Und eigenartigerweise ist keine dieser Figuren mit der anderen identisch. Ihre Persönlichkeit, ihre Charaktermerkmale und ihre Handlungsweisen mögen sich zwar ähneln. Sie gleichen sich aber nicht vollständig, ebenso wenig wie sich die Gene jener siebeneinhalb Milliarden Menschen der Spezies Homo sapiens aufs Haar gleichen. Und ebenso unverwechselbar sind freilich – man mag's beklagen oder nicht – deren Streiche. Erst recht gilt diese bunte Pluralität für Ansammlungen von Menschen, also Siedlungen, Kommunen, Gemeinden, Städte, Zeltlager und verwinkelte Altstadtreviere wie zum Beispiel unser Raichles Viereck.

Die Vielfalt an Geschöpfen ist schier unermesslich: großen und kleinen, dicken und dünnen, boshaften und friedliebenden, eitlen und uneitlen, frechen und braven, Kalbsleberwurst- und Müsli-Frühstückern, Kalt- und Warmduschern, Schwarzsehern und Optimisten, Schwarzfernsehern und Gebührenzahlern, Freigiebigen und Schnorrern, Davidoff- und Gauloises-Rauchern, Realisten und Träumern, Tänzern und Feiglingen, Pietisten und Islamisten, Bastionsbesuchern und Stadträten, Grünen und Gelben, Schwarzen und Roten, Trittbrettfahrern und

Piraten, Schwimmern und Nichtschwimmern, Porschefahrern und Radfahrern, Gebissträgern und Zahnlosen, Weit- und Kurzsichtigen, Brillenträgern und Durchblickern, Doofen und Ganzdoofen, Grasdackeln und Halbdackeln, Gartenfreunden und Kartenfreunden, Verheirateten und Glücklichen, Schönen und Wüsten, Alkoholikern und Abstinenzlern, Alphabeten und Analphabeten, Pennälern und Pennern, Kesselpaukern und Paukern, Ungläubigen und Abergläubigen, Ausländern und Oberländern, Plaudertaschen und Maultaschen, Prominenten und Normalsterblichen. Zu diesen gesellen sich Punks und Glatzköpfe, Fernsehsüchtige und Radiologen, Schichtnougat- und Schwindsüchtige, Rosenzüchter und Viehzüchter, Hobbygärtnerinnen und Kindergärtnerinnen, Windsurfer und Internetsurfer, Armleuchter und Beleuchter, Maulaffen und Klammeraffen, Pferdla ond Äffla, Narrenkasper und Suppenkasper, Schwarzfahrer und Angsthasen, Hochstapler und Gabelstapler, Querköpfe und Großkopfete, Dickschädel und Dünnhäutige, Kobolde und Witzbolde, Kurschatten und Kurpfuscher, Rechthaber und Liebhaber, Grünschnäbel und Erfahrene, Jonge und Grufties, Vergessliche und Unvergessliche, High Heels-Angels und Hells Angels, Schwarzmaler und Kunstmaler, Checker und Ahnungslose, Seidenspinner und Spinner, Schlitzohren und Schlappohren, Leidenschaftslose und VfL-Fans, Knights-Anhänger und Langweiler, Bissige und Pissige, Stinkstiefel und rote Socken, Knochenbrecher und Chirurgen, Schauspieler und Schachspieler, Ignoranten und Simulanten, Hosenträger und Wasserträger, Eingebildete und Ausgebildete, Intelligenzbestien und Bekloppte, Ehrwürdige und Unwürdige, Merkwürdige und Hochwürdige, Viehtreiber und Quertreiber, Ehrliche und Steuerzahler, Pappenheimer und Kirchheimer, Lauter-Schwoba und lauter Schwoba, Friseure und Haarspalter, hohe Tiere und arme Schlucker, Buntspechte und Schluckspechte, Schriftsteller und Schmierfinken, Gammler und Lackaffen, Spritzige ond Lahmarschige, Bämulla ond Lompaseckel, Lällabäbbl ond Hosascheißer, Heckasoicher ond Erzschlawiner. All dieser unterschiedlichen Kreaturen erfreute sich schon immer das urige Städtchen Kirchheim unter Teck am Zeh der Schwäbischen Alb.

Auf ihre Güatla wachsen üppig Bettsoicher ond Vergissmeinnicht, Präamala ond Klimbim-Rosen (climbing roses), Liebstöckel ond Frauaschuh, Zwetschga ond Bräschdling, Äbiera ond Pederleng ond schliaßlich Hagebudda firs Hägamark-Gsälz.

Wer erinnert sich nicht an jenes Kirchheim der fünfziger und sechziger Jahre, das täglich mehrmals eine zischende und kreischende Lokomotive erreichte, die auf ihrer beschwerlichen Fahrt talaufwärts von Wendlingen kommend nach Oberlenningen keuchte, nicht jedoch ohne vorher am Kirchheimer Bahnhof ordentlich Dampf abgelassen zu haben. In dieser rußgeschwängerten Zeit lebten in Kirchheim menschliche Originale, die ebenso markant, kraftstrotzend und unentbehrlich waren wie eben jene Lokomotive. Auch sie hatten ihre bevorzugten Orte, wo sie gelegentlich Dampf abließen, Kraft tankten und einen zischten. Manchmal mag's auch einer zu viel gewesen sein.

Von einigen Kirchheimer Charakterköpfen erzählte ich in dem Büchlein »»Herr Professor Sie sind ein Lausbub!« Eine autobiographische Spätlese«: vom dicken Paul, vom robusten Fischhändler Schlaier, von der lieblichen Frau Maier, vom kannenschwingenden Goofy oder vom leidgeprüften Herrn »Battafazge«. Freilich ist das Reservoir an charismatischen Figuren aus dem alten Kirchheim, unserem Kirchheim der Wirtschaftswunderzeit, damit nicht annähernd beschrieben und schon gar nicht erschöpft. Ich setze daher meine kurzen Geschichten fort mit einigen der von uns Lausbuben boshaft behandelten und besonders lieb gewonnenen Menschen (das muss sich nicht widersprechen, eher das Gegenteil ist der Fall), die teils stadtbekannt und milieuprägend waren, andere dagegen nur für die Bad-boys in und um Raichles Viereck nachhaltige Bedeutung hatten. Zu ersterer Gruppe gehören Köpfe wie Bademeister Beckers, Parkwächter Sommer, der »Nerzakenig« oder die Gebrüder Hoyler, allgemein als »d' Moschdhoyler« aus der Kirchheimer Nachkriegsgeschichte nicht weg zu denken. Aber es gab auch legendäre Künstlerpersönlichkeiten wie »dr Weberscarle«, die gleichsam zum Inventar unserer kleinen Stadt gehörten, denen man alltäglich, z.b. beim Einkaufen, begegnete und die einem wohlwollend durchs Haar strichen und sich aufrichtig nach unserem Befinden erkundigten: »So, gohts dr emmer guat, Bua?« Bei einigen, wie z.b. dem Parkwächter Sommer, verzichtete man freilich gerne darauf, dass er einem durchs Haar strich und machte freiwillig den größtmöglichen Bogen um ihn und seinen vierbeinigen Begleiter. Über die Gründe dafür wird später zu berichten sein.

Es sind Gesichter unserer Stadt, die ihr Prägung und Profil, eben eine unverwechselbare Identität und Authentizität geben. Sie gehörten zu unserem Erfahrungs-, Lebens- und Erlebnisraum ebenso wie die vielen Einrichtungen, Brunnen, Schulen und Plätze, Ecken und Winkel, ja sogar die Kastanienbäume des Alleenrings, die nicht nur einmal die letzte Zuflucht vor den Fängen, dem Stock und dem zähnefletschenden Schäferhund des erwähnten Parkwächters Sommer darstellten. Man wird nach eingehender Lektüre dieses Büchleins nachvollziehen können, weshalb wir Kinder zu den Kirchheimer Kastanienbäumen eine ganz besondere, geradezu innige, Beziehung pflegten.

Ich habe nach dem Erscheinen des ersten »Lausbuben-Buches« im Rahmen verschiedener Lesungen das Gefühl vermittelt bekommen, weitere Bad-boy-Geschichten würden womöglich gute Aufnahme finden und so sei frisch von der Leber erzählt, was sich noch so an lebendigen Geschichten aus dem Halbdunkel der Retrospektive in die Gegenwart retten und wieder Konturen gewinnen lässt, ganz nach meinem beruflichen und Lebensmotto: Perspektive durch Retrospektive. Für mich ist die Niederschrift der Kurzgeschichten einerseits willkommene nostalgische Rückbesinnung auf eine deftige aber glückliche Kindheit, andererseits aber auch der Versuch einer zwangsläufig subjektiv gefärbten Beschreibung der Kirchheimer Alltags-, Mentalitäts- und Sozialgeschichte der fünfziger und sechziger Jahre des vergangenen Jahrhunderts, ausnahmsweise einmal ohne wissenschaftlichen Anspruch.

Anna Korbel bin ich dankbar für die lebendige graphische Gestaltung des Büchleins und Kristof Schmit für viele Gespräche, Anregungen und die Druckvorbereitung. Anne, mei Töchterle, hat sich die Kurzgeschichten geduldig, kritisch, bruddelnd, schmunzelnd und zuweilen wild losprustend angehört und gelesen. Blunzen, meine Frau, tat selbiges und fragte in ihrer liebenswürdig-rücksichtsvollen Art nicht allzu penetrant häufig, ob ich eigentlich völlig plemplem sei. Für diese Milde empfinde ich tiefe Dankbarkeit. Möge dieses neuerliche »Lausbuaba-Büachle« einem geneigten Publikum in unserer Lieblings- und Heimatstadt Kirchheim unter Teck den einen oder anderen heiteren Moment bescheren.

Schließlich gibt der Verfasser erleichtert Kunde von seiner zur Gewissheit gewordenen Annahme, nicht von allen guten Geistern verlassen, sondern von solchen umgeben zu sein. Sie tragen – außer den genannten – so viele Namen, dass ich nicht alle im Einzelnen nennen kann. Ihnen sei daher kollektiv und herzlich Dank gesagt.

Widmen möchte ich das Büchlein meiner Schwester Dorothee, der wohl engsten Begleiterin und wohlwollenden Ratgeberin durch die frühen Kirchheimer Jahre, der ich (und ihren Hunden) im ersten Bändchen ein Kapitel widmete. Sie starb im Februar 2010.

Kirchheim unter Teck, im Sommer 2013
Rolf Walter

Im Märzen der Bauer. Oder:
Gülle in Hülle und Fülle

Das Kirchheim der Dampfeisenbahnzeit, die bis in die frühen sechziger Jahre reichte, war zwar vielseitig handwerklich und industriell geprägt, doch trug es auch noch ländliche und bäuerliche Züge. Man konnte täglich Pferde- oder Ochsengespanne die Jesinger Straße, Alleenstraße, Klosterstraße, Schlierbacher und andere Straßen gemächlich dahintraben sehen. Die »spannfähigen« Bauern mussten mühsam versuchen, der zunehmenden Motorisierung Herr zu werden und einige Agrargenossen waren bereits im Besitz eines keuchenden Traktors, eines grünen Lanz, eines Fendt oder eines tomatenroten McCormick. Auch die Landwirte stellten sich auf den Zeitenwandel ein und betrieben zügig und risikofreudig die Modernisierung.

Einer von jenen, die in den fünfziger Jahren außer Vieh noch Pferde hielten und diese dann in den Sechzigern durch einen »Bulldog« ersetzten, war Karl Stoll in der Jesinger Straße 34, eben der »Stolla-Karle«. Er war ein kauziger Bauer mit kantigem Schädel, dessen grobfaltiges Gesicht Wind und Wetter der Jahreszeiten gezeichnet hatten. Wir fanden bald heraus, dass sich hinter dieser harten Schale ein seelenguter Mensch verbarg, der neben seinen Arbeitspferden und Stallkühen vor allem eines mochte, nämlich Kinder. Es gab nichts Schöneres, als auf Stolla-Karles Pferdewagen mit in die Gießnau zum Heumachen zu fahren, seinen spannenden Geschichten zu lauschen und mit ihm nach getaner Arbeit ein fettes Stück Speck zu einem Riebel »eignetzten« Brots zu vespern. In der Küche seines Hofs entfachte er des Feierabends ein loderndes Feuer im gusseisernen Herd der Kirchheimer Firma Wiest, setzte einen Topf darauf um das Wasser zu erhitzen, in welchem er ein stattliches Glas sauren

Mosts »stauchte«, um das selbstgemachte Lieblingsgetränk dann genüsslich seine raue Kehle hinunterlaufen zu lassen. Er lud uns jedes Mal ein, seinesgleichen zu tun und wir ließen uns das nicht zweimal sagen. So kam's, dass wir zuweilen nach etlichen Krüglein vergorenen Apfelsafts im Leib etwas benebelt die Jesinger Straße stadteinwärts fuhren. Unsere Eltern wunderten sich ein ums andere Mal über die beschwingte Heiterkeit, die wir nach jenen Besuchen bei unserem großväterlichen Freund an den Tag legten.

Es war an einem schönen Morgen im März irgendwann Anfang der sechziger Jahre, als wir, mein Freund Erich und ich, wieder Gelegenheit bekommen sollten, mit dem Stolla-Karle aufs Feld zu fahren. Auch er hatte, wie gesagt, inzwischen modernisiert und sich einen roten McCormick-Bulldog angeschafft. An dem hing nun ein Anhänger mit aufgelegtem Rundtank, in dem sich ein paar hundert Liter Gülle befanden, natürlicher Dung, nach dem die Wiesen und Felder im Frühjahr förmlich lechzten. Wir durften erstmals in unserem Leben hoch auf dem tuckernden Traktor mitfahren. Mächtig stolz und ganz aufrecht sitzend flankierten wir unseren großherzigen Chauffeur zur Linken und zur Rechten und fuhren mit ihm knatternd via Eichendorff- und östliche Tannenbergstraße zur Gießnau, um die Felder mit besagter Gülle zu bestellen. Erich trug seine neue Stoffmütze, die er kurz davor zum Geburtstag bekommen hatte und ich hatte mir ein Pfadfinder-Tuch umgebunden, das ich zuweilen abnahm um es zum Winken zu benutzen oder gleich einem Segel einfach in den Wind zu halten.

Bald waren wir auf Karl Stolls Feld angekommen. Er stieg ab, entsperrte mit einem geübten Griff den Flüssigkeitshahn am hinteren Ende des Gülle-Tanks und eilte zurück ans Steuer des Bulldogs, um die Maschine wieder in Gang zu setzen und huiiii ging's vorwärts, die stinkende Gülle in einer breiten, bogenförmigen Fontäne zügig hinter uns lassend. Erich und ich waren

14

so vergnügt und ausgelassen wie selten zuvor. Doch, oh je: im freudigen Überschwang entglitt meinem Freund die heißgeliebte neue Mütze. Sie segelte zu Boden und wurde gleich anschließend von einem saftigen Güllestrahl erfasst und durchweicht. Der gute Karl hielt geistesgegenwärtig den schwerfälligen Traktor an. Erich eilte nach hinten zu seiner zähflüssig triefenden Kopfbedeckung, die er mit spitzen Fingern aufspießte in der Hoffnung, noch retten zu können, was nicht mehr zu retten war: die ehemals schmucke Geburtstagsgabe glich einem braunen nassen Putzlappen und stank bestialisch. An eine Wiederverwendung zum ursprünglichen Zweck war in dem Moment nicht mehr zu denken. Das vergnügliche Düngen per Bulldog hatte seinen ersten Tribut gefordert. Des armen Erichs energische Versuche, die Mütze in den nächsten Wochen durch tägliches Waschen mit Kernseife und »Vim« von ihrem lähmenden Gestank zu befreien, veränderten zwar deren Farbe (sie wurde heller), ihr atemwegslähmender penetranter Fäkaliengeruch blieb jedoch erhalten und der unglückliche Freund monatelang barhäuptig. Das war aber schon deshalb nicht besonders schlimm, da bald darauf ein milder sonniger Frühling Einzug hielt und so verflüchtigten sich die Gedanken an ein tierisch pestendes Stück Textil im lieblichen Duft herrlich blühender Hyazinthen und Narzissen. Die Kappe blieb jedenfalls ein für alle Mal verschwunden. Niemand konnte sie mehr riechen, geschweige denn sehen. Wahrscheinlich stinkt sie heute noch an einem stillen Örtchen irgendwo in Raichles Viereck trotzig vor sich hin.

(Sachdienliche Hinweise nehmen die örtliche Polizeidienststelle in der Dettinger Straße oder eines der XY-Aufnahmestudios entgegen. Den ehrlichen Finder erwartet eine angemessene Belohnung!)

Tante Luisle ond ihr Moineng

Ganz in der Nähe von Stolla-Karles Hof, etwas östlicher Richtung Freibad, an der Kreuzung Eichendorffstraße und Jesinger Straße, befand sich ein weiterer Bauernhof. Er gehörte einer alleinstehenden Bäuerin, Luise Luz, meiner Tante Luisle. Sie bewirtschaftete das Gut mit großem Garten, einem Stall mit fünf bis sechs Kühen und etwa ebenso vielen Katzen. Außerdem verwandelte sie einige Ar Ödland in mühevoller Arbeit in ein fruchtbares Feld, auf dem sie Kartoffeln anbaute. Als sie so eines Tages auf dem Stück Acker Unkraut hackte und Wurzelwerk entfernte, kam der Pfarrer der Kreuzkirche des Wegs und äußerte, wie wunderbar es doch sei, was aus diesem Stück Land dank ihrer (Luisles) und Gottes Hilfe geworden sei. Sie hielt eine Weile mit der schweren Feldarbeit inne, holte tief Luft und entgegnete dem verdutzten Kirchenmann: »Herr Pfarrer, Sie hättet des Feld erscht amol seha solla, als es onser Herrgott no alloi bewirtschaftet hot.«

Von ihr wurde erzählt, sie sei eine ausgezeichnete Schülerin gewesen und dem Schulrat Mayer sei nicht nur einmal ihre Begabung aufgefallen. Wenn wir Kinder im Sommer das Schwimmbad an der Jesinger Straße besuchten, stellten wir unsere Fahrräder meist bei Tante Luisle ab und sie freute sich, nachdem sie abends mit dem Stall soweit war und wir vom Baden zurückkamen, mit uns in ihrem Garten die restliche Abendsonne genießend noch ein Schwätzle halten zu können. Sie wusste alles über Kirchheims interessante Geschichte und erschien uns als eminent gelehrige Schülerin des erwähnten Karl Mayer, des Verfassers des 1913 erstmals erschienenen Werks »Aus Kirchheims Vergangenheit«, das an prominenter Stelle im Schrank ihrer Küchenstube stand. Ihre Erzählungen verrieten nicht nur eine erstaunliche Belesenheit und offenbarten diszipliniert angeeignetes Schulwissen, sondern sie waren auch sehr lebendig. Es handelte sich stets um eine Fülle rezitierter Passagen tagsüber gehörter Gespräche und aufgenommener Nachrichten, die sie äußerst genau memorierte und wortwörtlich wiedergab. Tante

Luisle gehörte offenbar zu jenem seltenen Lerntypus, der jegliche Detaillierung neugierig eins zu eins speichern und genau so »abspulen« konnte. Dabei handelte sie im Notfall, wenn gerade niemand um den Weg war, getreu dem Motto: »Selbstgespräche haben den Vorteil, dass man immer zu Wort kommt«.

Nach meiner Erinnerung hatte sie die Angewohnheit, Dialoge komplett mit Benennung beider Seiten, des Sprechenden und des Zuhörers, wiederzugeben, etwa in der folgenden Art:

Tante Luisle hält a Schwätzle (ond vrzeelt drvo) I: Sae – Saedr

Sae	Griaß Gott
Saedr	ha jetzt
Sae	lass me no ganga
Saedr	ja so äbbes
Sae	isch's meglich?
Saedr	ha freile
Sae	ha no
Saedr	guck au do no
Sae	on sonsch?
Saedr	ha no jo
Sae	oh je
Saedr	auauauauau
Sae	so schlemm?
Saedr	schlemmer!
Sae	om dr Hemmels
Saedr	so isch
Sae	meine Giade
Saedr	's isch et oifach

Sae	om dr älles
Saedr	gwieß wohr
Sae	's god oim driebrnae
Saedr	des kosch laut saa
Sae	sag no griaß
Saedr	werds ausrichda.

Tante Luisle hält a Schwätzle (ond vrzeelt drvo) II: Sae – Saedse

Sae	ja Marie!
Saedse	au scho uff de Fiaß?
Sae	's muaß gao
Saedse	ha freile
Sae	mr wird et jenger
Saedse	gwieß et
Sae	Hauptsach gsond
Saedse	ooooh
Sae	wia?
Saedse	d' Fiaß!
Sae	gschwolla?
Saedse	on wia!
Sae	scho lang?
Saedse	lang gnuag
Sae	heidanei
Saedse	Krampfodra!
Sae	lass me ganga
Saedse	Obrratio!
Sae	bei weam?
Saedse	ambulant
Sae	guada Besserung
Saedse	des ko e braucha.
Sae	Wiedersea!
Saedse	hoffa mr 's Beschde.

Tante Luisle hält a Schwätzle (ond vrzeelt drvo) III: Sae – Saeds

Sae	ja wäam kairsch denn Du?
Saeds	am Schmieda Ernschd
Sae	no bisch's Ruthle?
Saeds	freile
Sae	graoß wora bischd
Saeds	se sagets
Sae	mo willsch'n no nowachsa?
Saeds	mein Ene hole no ei
Sae	do hosch jo no äbbes vor!
Saeds	freile, der isch graoß gnuag
Sae	z' esset geits jo gnuag bei uich ällaweil
Saeds	des kosch sa
Sae	was mogsch'n am liabsta?
Saeds	Mauldascha, gschmelzde
Sae	ha des isch no lang et 's Schlechdeschde
Saeds	i kennt me dra daod essa
Sae	liabr et
Saeds	ond greeschde Spätzla mit Brodasoß' mog e au
Sae	ha no goht dr's jo guat?
Saeds	i ko et klaga!
Sae	ond en dr Schual?
Saeds	do hemmer au grad 's Thema Ernährung en Bio
Sae	soo?
Saeds	was Vegetarier senn ond so
Sae	ond?
Saeds	ha woisch, Vegetarier senn Menscha, dia koi Floisch esset, drfier abr om so mee Wurschd!

Märzamärkt

Griaß de Fritz, so au ondrweags?
jetzt lass me no ganga, dr Heiner!
au uffm Märzamärkt?
bei jedem Sauwetter
hanohano
wia gohts jetzed au Dir?
's muaß halt ällaweil
ond deinr Hulde?
Reißmaddeis!
ohjeohjeohje
schlemm!
liegt se?
noe, se stoht schau wiedr
schafft se?
no et
ond du?
i schaff
was machet de Jonge?
schaffa
drhoim?
noi, auswärts
no sendr alloi
freile, ällaweil
no sag no Griaß an d' Hulde
werds ausrichda
ade Heiner
an guada Dag, Fritz.

Parkwächter Sommer

Wohl jener Gemeinde, die sich einen Parkwächter leisten kann. So jemanden – heute nahezu Unvorstellbaren – gab es in Kirchheim unter Teck in den fünfziger und sechziger Jahren des vergangenen Jahrhunderts. Jenem heute ausgestorbenen Berufszweig gehörte ein furchtgebietender Mann namens Sommer an, zu dessen Aufgaben es zählte, die Parkflächen und grünen Anlagen innerhalb des kastanienbepflanzten Altstadtrings zu behüten. In seine Pflichten eingeschlossen war – darüber konnte es in unserem Kreis keinen Zweifel geben – die gründliche Befreiung gefährdeter Freiflächen von bösen Lausbuben. Dabei war nicht zu übersehen, dass Herr Sommer seinem Beruf mit einer gewissen Leidenschaft nachkam, gerade so als ginge es darum, erhebliche Zweifel an der Überflüssigkeit seiner Profession ein für alle Mal auszuräumen. Der Job schien einigen in unserer Bande immerhin attraktiv genug, um ihn in der eigenen Karriereplanung vorzusehen. Mindestens zwei von uns wollten später Parkwächter werden. Vermutlich waren es jene Kameraden, die sich auch vorstellen konnten, unter Umständen als Nachtwächter ihr Dasein zu fristen. Keiner konnte damals ahnen, dass aus ihnen später tüchtige Handwerker werden würden.

Parkwächter Sommers Dienstbekleidung bestand aus grünem Lodenmantel, ebensolchem Hut und respektablem Stock und die Dienstbegleitung aus einem aufmerksamen Schäferhund, der blöderweise ziemlich loyal zu seinem Herrchen stand und sich zu unserem Entsetzen nicht einmal durch Fleischknochen bestechen ließ. Der Schäferhund hieß eigenartigerweise »Wolf« und gebärdete sich auch häufig wie ein solcher. Mein Pech konnte sein, dass mein Vorname sich phonetisch immer in der Nähe des Hundes befand. Damals gab es zu allem Überdruss im Handel

Hundefutter, das »Rolf« hieß. Ich fand immer, es hätte »Wolf« heißen müssen. Aber der Hersteller war uneinsichtig. Vielleicht hieß er Hund, wie unser Wachtmeister. Herrn Hund mochten wir sehr, ganz im Gegensatz zu Herrn Sommer.

Tagein, tagaus spazierte der gestrenge Parkwächter um Alleenring, »Anlagen«, Bastion, Rollschuhplatz, Schweinemarkt, Rossmarkt, Wachthaus, Schloss, Alleenschule, Martinskirche mal in der einen, zuweilen in der anderen Richtung. Unsere Begegnungen mit ihm fanden meist im östlichen Bereich der Stadt, also zwischen »Ochsen«, Schweinemarkt und »Sonne« statt oder zuweilen auch im Norden im Gebiet des Rollschuhplatzes mit anliegendem Spielplatz.

Herr Sommer war – nicht zuletzt ausweislich seines dunkel-jägergrünen Lodenmantels und eines wuchtigen Holzstocks – eine Respektsperson von natürlicher Strenge. Jedenfalls dachte er das und verhielt sich so. Stock und Hut standen ihm nach unserer Meinung nicht gut, wie es ein vielgesungenes Wanderlied Glauben machen wollte und wohlgemut war er in unseren Augen auch nicht. Doch die beiden Utensilien stärkten zweifellos seine Auffassung wichtig zu sein. Bei geringsten Vorkommnissen schwang er drohend den Stock und sein Hund, der sich wie berichtet seinem Herrchen gegenüber mangels Alternative solidarisch verhielt, unterstrich die Forderung nach Disziplin durch nachhaltiges Bellen. Nicht nur durch ein Kläffen. Der Schäferhund eines Parkwächters kläfft nicht!

Nun gab es einen Monat im Jahr, den September, in dem unsere Begegnungen mit dem gestrengen »Onkel« sich besonders häuften. Und sie waren immer auch konfliktträchtig, denn es handelt sich ja um jenen Monat, in dem die reifen Kastanien von den zahllosen Bäumen fallen, die den Alleenring dicht an dicht umgrenzten. Der Frühherbst war »Kastinazenzeit« und wir sammelten in diesen Tagen die braunen Früchte bis es dunkel wurde. Kastinazen eignen sich einerseits zum Basteln von Figuren, indem man Früchte unterschiedlicher Größe mit einem Streichholz als »Hals« verband und auch Arme und Beine der Figuren waren aus »Welthölzern«, die man je oben und unten in eine Kastanie steckte. Das »Stehvermögen« der Kastanienmännchen (oder auch -weibchen) wurde dadurch gewährleistet, dass man eine Kastanie mittig durchtrennte und so zwei flache Teile gewann, die die Schuhe bildeten.

Dies war die eine Möglichkeit der Verwendung von Kastanien. Eine andere – lukrative – bestand darin, sie in Körben, Schachteln und Säcken zu sammeln und in der Agrar- und Sämereienhandlung Raichle – nach der bekanntlich unser Viertel, das Raichles Viereck benannt war – abzuliefern. Für das Kilo erhielt man ein paar Pfennige und ein Zentner konnte gar über eine Mark einbringen – ein für unsere damaligen Verhältnisse unerhörter Betrag. Man konnte so zur Gruppe der Neureichen aufsteigen oder noch mehr: Mit einer Mark ließen sich beim Bäcka-Schmid gleich gegenüber der Firma Raichle z. B. nicht weniger als fünfzig Brausestengel oder zehn Dubble-Bubble-Kaugummis oder fünfundzwanzig Lakritz-Schnecken kaufen. Ausgerollt sind dies ein paar laufende Meter Lakritz. Waoo! Und was konnte man gegen Lakritzschnecken, Brausestäbchen und Dubble-Bubble-Kaugummis nicht alles einhandeln? Man war für ein paar Tage der King in der Lausbuben-Bande und das Raichles Viereck das Mekka der Zuckerschlecker. Also: je mehr Kastanien desto mehr Süßigkeiten, war die einfache Formel. Und dafür tat man alles! Man bestieg die höchsten Bäume und die Aussicht auf eine Schachtel voller Dubble-Bubble löste jede Zurückhaltung bei der Jagd nach Kastanien.

Eines Tages kam jemand – ich glaube, es war Erich – auf einen glänzenden Einfall, unseren Kastinazen-Umsatz zu verdoppeln und die September-Erlöse in Mark und Pfennig massiv zu steigern. Die Idee bestand darin, Herrn Raichle ein und dieselben Kastanien zweimal (oder noch öfter) zu verkaufen. Als Kinder

von Raichles Viereck wussten wir natürlich, wo der derbe Agrarhändler die Kastanien lagerte, die wir ihm abgeliefert hatten: Auf einem offenen Anhänger nämlich, der im Hof hinter dem Haus stand und allenfalls mit einer Plane abgedeckt war. Diese ließ sich leicht einen Spalt weit hochschlagen und die im Laden tagsüber abgegebenen Kastanien holten wir abends, wenn's dunkel wurde, wieder vom Anhänger und gaben sie am nächsten Morgen erneut ab. Wer nicht klettern konnte, versuchte den Kastinazen auf den hohen Bäumen bereits im Frühreifestadium dadurch zu Leibe zu rücken, dass er oder sie dicke Holzprügel in Blätter und Geäst warf und die noch hellgrün umhüllten Früchte zum Fallen brachte. Zuweilen kam es freilich vor, dass Holzprügel und Kastanien auf die Autos flogen, die zufällig am Alleenring parkten. Dies führte häufig zu einem Dachschaden und das wiederum rief regelmäßig den pflichtschuldigen Parkwächter Sommer und seinen Wolf auf den Plan, die man im September tagtäglich stockfuchtelnd, schimpfend und bellend irgendwelchen elenden Lausbuben nachrennen sehen konnte. Manchmal war es vorauseilender Gehorsam den Autobesitzern gegenüber, meistens aber nacheilender Gehorsam.

Die einzige Möglichkeit für uns, dem beflissenen Herrn Sommer und seinem halbwilden Vierbeiner zu entrinnen, bestand in der Regel darin, als letzte Zuflucht den nächsten Kastanienbaum zu erklimmen und wenigstens so lange oben zu bleiben, bis sich die Schimpftiraden und das Gebelle gelegt und sich die beiden Ordnungshüter unverrichteter Dinge, manchmal erst nach Stunden, vom Tatort entfernt hatten. Zähes Durchhalten, heute Nachhaltigkeit genannt, will eben früh geübt sein. Jedenfalls hatten es die September für den Parkwächter, seinen Wolf und uns immer in sich.

So kam's, dass der Sommer den Herbst verfluchte, Jahr für Jahr.

Hocket abe Majeschdäd

Seine Majestät, der König Wilhelm II. von Württemberg, war am 25. September 1902 zum Besuch der Bezirksgewerbeausstellung nach Kirchheim gekommen. Er war damals 54 und bereits seit elf Jahren wahrhaftig der King im Ländle. Allerdings der letzte seiner Art. Das wusste man aber 1902 noch nicht, sondern erst 1918. Und der Gewerbeverein der Lausbubenstadt am Zeh der Teck feierte das erste halbe Jahrhundert seines Bestehens. Wilhelm liebte das Volk und das Volk liebte ihn. Vor allem mochte er die Stadt, hatte er doch einen Teil seiner Jugend bei der Urgroßmutter, Herzogin Henriette, im Kirchheimer Schloss zugebracht und sicher »Fange«, »Schlupfe« oder »Räuber und Gendarm« mit einigen Kirchheimer Lausbuben im Schlossgraben oder um den Marstall herum gespielt. Volksnah war er. Und aufgeschlossen. Er war zwar nicht demokratisch gewählt, aber trotzdem ein guter Demokrat. Selbst wenn er hätte gewählt werden können, wäre er ohnehin nur von rund 50 Prozent gewählt worden, denn Frauen durften in Deutschland erst seit 1919 wählen. Der Souverän, das Volk, hielt ihn jedenfalls für einen guten Demokraten. Als solcher hatte er auch keinerlei Berührungsängste, etwa mit seinem Volk. König Wilhelm trug, auch Könige gehen ja mit der Mode, einen Kaiser-Wilhelm-Bart. Daher kommt wohl die Redewendung, man streite »um des Kaisers Bart«, also ein Streit um eigentlich nichts. Das wiederum erinnert verdächtig an die Gegenwart, die offensichtlich auch nicht mehr das ist, was sie einmal war. Wie gesagt, der König mit des Kaisers Bart kam dereinst nach Kirchheim zur großen Gewerbe-Ausstellung. Tausende Kirchheimer bereiteten dem verehrten Monarchen einen großen Bahnhof am Kirchheimer Bahnhof und warfen zum Zeichen ihrer Unterwürfigkeit ihre Hüte nach oben, in die Luft. Feierlich wurde der König zum Rathaus kutschiert und besuchte anschließend den Wollmarkt. Im Freihof blieb er bei einer Wollverkäuferin an deren Stand stehen, kam mit ihr ins Gespräch, bis diese ihn schließlich mit einem ebenso herzlichen wie deftigen »hocket abe Majeschdäd« aufforderte, doch eine kleine Verschnaufpause einzulegen. Das ließ sich der König mit dem Kaiser-Wilhelm-Bart nicht zweimal sagen und nahm genüsslich Platz.

»Hocket abe Majeschdäd« ist seitdem eine vielzitierte Variante des gastfreundlichen schwäbischen »Se derfet sich setza« oder »nemmet se doch Platz«. In Kirchheim, der Stadt mit der deutschlandweit dichtesten Kneipen- und Gastromieszene, hört man solcherlei Aufforderungen besonders häufig, wobei je nach Dringlichkeit und Annäherungswunsch zwischen einem barsch dahingefeldwebelten »nohocka jetzt«! bis zu einem liebe- bis erwartungsvoll gehüstelten »des Plätzle wär no frei… Ähem…« variiert wird.

Und überhaupt: Manchmal geht die schwäbische Verniedlichungskultur entschieden zu weit, selbst für eingefleischte Schwaben, wenn etwa über den leidenden Opa, der dem Tod nur mit knapper Not entronnen ist, ebenso entwaffnend wie mitfühlend berichtet wird: »Er hot halt a Schlägle ghet«. A Schlägle! Sonst nichts?! So wird aus einem lebensbedrohlichen Schicksalsschlag ein vorübergehendes Tief und ein Fall für »Christoph 22«, den Hubschrauber für schwere Notfälle. – A Schlägle? For further details ask your local ambulance station.

Dr Nerzakenig

An der alten Kirchheimer Alleenschule gab es einen Lehrer, der hieß Nerz. Wie der Mantel. Die Dame der fünfziger und sechziger Jahre wünschte sich nichts sehnlicher als einen Nerzmantel. Und Herr Nerz womöglich einen Mantel. Aber sicher keinen Nerzmantel. Den wünschte sich allenfalls seine Frau. Die bekam aber keinen. Denn Herr Nerz verdiente als einfacher Volksschullehrer nicht so viel, dass er seiner Gemahlin einen solchen kaufen konnte. Sie trug aber einen Wollmantel. Gestrickt. Von Hand. Zwanzig Jahre später trug sie dann einen Nerzmantel. Geerbt. Frau Nerz war verstorben. Die Schwiegermutter. Frau Nerz, die Gattin, trug nun Nerz. Stolz. Vergangen war der Schmerz, keinen Nerz zu haben. Genau genommen sogar zwei. Den einen Nerz trug sie und den anderen ertrug sie. Sie trug den alten und ertrug ihren Alten. Unseren Lehrer.

Wir nannten ihn »Nerzakenig«. Warum, weiß ich heute nicht mehr. Wie solche Namen halt entstehen. Vielleicht weil der Nerz der König der Pelze ist. Ist er aber nicht. Der Pelz der Könige ist ja bekanntlich der Hermelin.

Sei's drum. Herr Nerz hatte demnach auch keine Krone auf. Auch wenn vieles, was er im Unterricht so von sich gab, so manchem die Krone aufsetzte. So wie es dem Fass den Boden ausschlägt, zum Beispiel.

Aber ganz kronlos war der Nerzakenig nach meiner Erinnerung nicht. Mindestens einer seiner Zähne trug eine Krone, möglicherweise sogar zwei. Ich würde sagen, so etwa unten rechts drei und unten rechts vier. Man sah die Goldkronen der beiden Zähne sehr selten. Wenn der Nerzakenig nämlich lachte. Und das kam wirklich nicht sehr häufig vor. Es gab in unserer Klasse womöglich auch nicht viel zu lachen. Bei dem Lehrer schon gleich gar nicht. Manche in der Klasse sollen die goldgekrönten Zähne von Herrn Nerz nie zu Gesicht bekommen haben oder haben wollen. Das kann an dreierlei liegen. An ihnen oder an ihm. Oder an beiden.

Woran sich allerdings jeder Einzelne in der Klasse erinnert, ist die komische Brille, die der Nerzakenig zuweilen trug. Wobei Brille zu viel gesagt ist und zwar genau doppelt zu viel. Die Brille bestand nämlich nur aus einem Glas. Herr Nerz muss in unseren damaligen Augen sehr arm gewesen sein. Nicht nur, dass er sich seiner Frau keinen Nerzmantel leisten konnte, sondern auch noch kein zweites Brillenglas. Die Grundschullehrer müssen damals wirklich sehr mittellos gewesen sein. Ich spielte damals insgeheim mit dem Gedanken, Herrn Nerz gelegentlich ein ordentliches Vesperbrot aus unserer Metzgerei mitzubringen, denn womöglich konnte er sich auch nur eine Scheibe Wurst leisten. Und das war selbst für Lehrer, die man eigentlich nicht leiden konnte, zu wenig.

Später erfuhr ich, dass die halbe Brille vom Nerzakenig Monokel hieß. Das Monokel war an ein Schnürchen oder Kettchen angebunden und am Revers des grauen Wolljacketts von Herrn Nerz befestigt. Manchmal verschwand die halbe Brille unseres Lehrers schwuppdiwupp! in einem horizontalen Schlitz, den er in seinen grauen Janker geschnitten haben musste. Offenbar konnte er sich auch kein Brillenetui leisten.

So kann man wohl verstehen, dass niemand aus unserer Klasse später Volksschullehrer werden wollte. Der Ehefrau keinen Nerzmantel kaufen zu können, halbe Brillen tragen und womöglich unterernährt und halb blind sein Dasein fristen zu müssen: das war nicht die Vorstellung von Zukunft in unserer damaligen wirtschaftswundersamen Gegenwart, die nun auch schon wieder seit fünfzig Jahren Vergangenheit ist.

D' Moschdhoyler

Wie es der schwäbische Plural in der Überschrift andeutet, handelt die folgende kleine Geschichte von zwei Personen. Gegenstand der Betrachtung ist nicht dr Moschdhoyler, sondern er und sein Bruder. Manchmal ist er auch dem Bruder sein Feind, so wie der Dativ dem Genitiv sein Feind ist. Es ist die Rede von den Gebrüdern Hoyler, deren besondere Zuneigung zu einem schwäbischen Nationalgetränk ihnen den an und für sich wertfreien Namenszusatz eingetragen hat.

Die zwei etwas kleinwüchsigen, dafür aber umso trinkfesteren Brüder, hat das Schicksal des Lebens in der Nachbarschaft einer Küferei mit Mosterei, also einer »Moschde« aufwachsen lassen, was zum Teil deren frühe Vorliebe für das sauere, aber höchst populäre Getränk erklärt. Das Maß, in dem die beiden dem Moschd zusprachen, wurde in der Stadt bezeichnenderweise in einer Maßeinheit angegeben, gegen die der Liter als unrealistisches, ja lächerliches Quantum erschien, nämlich in Eimern. Jedenfalls gehörten die zwei Moschdhoyler zu den besten Abnehmern der nahe gelegenen Mosterei. Man sieht, es gab damals schon Werbeträger. Die Alleenstraße zwischen Schwarzem Adler, Altem Gemeindehaus und Bastion war ihr Revier, zumindest im Kirchheim der fünfziger und frühen sechziger Jahre. Gelegentlich mussten sie ihr Revier jedoch tauschen, nämlich mit dem Polizeirevier.

Um die beiden Kirchheimer Originale rankten sich viele schaurige, seltener heitere, Geschichten. Meist handeln sie davon, was d' Moschdhoyler in ihrem in den Augen der Öffentlichkeit obligatorischen täglichen Rausch so alles anstellten. Der gesellschaftliche Höhepunkt war erreicht, als der eine Moschdhoyler dem Bruder im Vollrausch ein Beil auf den Schädel schlug und

nicht nach kurzem, sondern langem Prozess, im Kirchheimer Gefängnis, landete. Wohl verfügte das Kirchheimer »Wachthaus« in der oberen Marktstraße (wo man heute eher Bier und Wein als Moschd ausschenkt) über einige Ausnüchterungszellen, die beide Moschdhoyler aus Erfahrung gut kannten, doch der Schädelhieb bedeutete nicht einfach nur Ausnüchterung, sondern – was als schlimmster anzunehmender Fall gelten muss, sozusagen als moschdhoylerscher Super-Gau – mehrmonatige Abstinenz vom geliebten Trank.

In Kirchheim machte sich eine Art Mitleid über die Verurteilung des einen Moschdhoyler breit, denn jedem erwachsenen Schwaben ist klar, dass Handlungen mit mehreren Litern Most intus automatisch zu mildernden Umständen führen müssen. So sah man denn einen der beiden Brüder vorübergehend nicht mehr bei ihrer Lieblingsbeschäftigung, der Moschd-Zeche.

Wer Gelegenheit hatte, einen der beiden Moschdhoyler nüchtern zu erleben – was aus den geschilderten Gründen höchst selten der Fall war – hatte eine Vorstellung von einem brummigen, kauzigen schwäbischen Original, das nur schwätzte, wenn Dringlichkeit geboten war, wenn also zum Beispiel der Moschdkrug leer war und der Bruder gemahnt werden musste, ihn im Keller wieder aufzufüllen. Viel mehr gab es eigentlich nicht zu sagen, vor allem nichts Wesentlicheres. Das bedeutungsvolle Schweigen wurde höchstens dann jäh durchbrochen, wenn der geringfügig jüngere der Moschdhoyler sich den knappen Anweisungen des älteren Bruders widersetzte und in dürren, deftigen Fetzen zurückschleuderte: »Iiiih iih bee doch et dei Lakai, duuu, duu… ach leck me doch am Arsch, Siach dauber!«. Da bei den Moschdhoylern ein strenges Ancienitätsprinzip galt, d.h. der Ältere hatte grundsätzlich immer recht, waren handgreifliche Schlichtungen an der Tagesordnung, wenn nötig unter Zuhilfenahme eines Beils oder eines sonstigen zufällig herumliegenden Gegenstands, der sich als Züchtigungsinstrument eignete. Solcherlei

Ringkämpfe müssen es wohl gewesen sein, die im schlimmsten Fall beim Roten Kreuz und später im Wachthaus endeten, wo zu Zeiten ein Polizist Dienst tat, der Hund hieß. Herr Hund war zum Glück aber kein »Hund«, und schon gar kein scharfer, sondern ein lebenserfahrener Schutzmann mit natürlicher Autorität, dessen ausgleichendes Wesen nicht nur im Falle der Moschdhoyler-Händel das quirlige Städtchen Kirchheim vor kleinbürgerlichen Revolten bewahrte. Er kannte aus langjähriger Erfahrung die Mittel und Wege menschlicher Kompromissfindung und vor allem wusste er über die Möglichkeiten der Schlichtung im Fall Moschdhoyler Bescheid. Herr Hund brauchte nur einen Eimer hervorzuholen, ihn mit Moschd zu füllen, und die beiden Brüder waren die friedlichsten Menschen der Welt – zumindest solange der Eimer nicht leer war. Solcherart wurde nicht nur einmal der Nachweis erbracht, dass Moschd auch als Therapeutikum taugt. Vielleicht werden Schwaben deshalb häufig für besonders friedliebende Zeitgenossen gehalten – zumindest so lange der Eimer... ach, Sie wissen schon...

Dr Weberscarle

Kirchheim ist nicht nur bekannt als Herzoginnensitz, Wiege des dichtenden Ingenieurs Max Eyth und als traumhafte Stätte jung verliebter Schriftsteller wie jenem Lulu-Lover Hermann Hesse. Nein, es ist weit darüber hinausgehend als kulturbeflissene Kommune legendär, die sich neben einem Kulturbeirat und einem Literaturbeirat sogar einen Kunstbeirat schuf. Zu den bekannten Künstlern der Stadt gehören Leute wie Konrad Raum oder in der jüngeren Zeit Bertl Zagst, Monika Schaber, Wolfgang Dick und Monika Majer. Jedem Kirchheimer ist schließlich Carl Weber ein Begriff, also dr Weberscarle. In vielen älteren Haushalten der Stadt finden sich Ölgemälde von ihm, meist farbenprächtige Naturmalereien nach Motiven blühender Obstbäume, stiller Flusslandschaften oder leuchtender Wiesenblumen im Spätfrühling. Es fiel im Laufe der Zeit sogar Kindern auf, dass dr Weberscarle ständig nur Pflanzliches malte, nie aber Tiere.

Eines schönen Tages kam es zur Begegnung des kinderlieben Malers mit Kirchheimer Erstklässlern und er mochte es, wenn ihm jemand beim Malen zuschaute. Eines der Mädle oder Buben brachte die Sache wieder einmal keck zur Sprache und forderte ihn auf, doch einmal ein Tier zu malen, also zum Beispiel ein Schaf auf der weiten grünen Flur. Gesagt, getan. Dr Weberscarle sah jedenfalls den bisherigen Mangel, kehrte in sich und begann selbstkritisch, ein Schaf in die Naturlandschaft zu zaubern.

Als das Werk fertig war und die Kinder das Bild mit Natur und Schaf sahen, bemerkte eines von ihnen stirnrunzelnd und abschätzenden Blickes auf das Kunstwerk: »des isch aber a komischa Sau auf dem Bild«! – Das war dem Weberscarle dann doch zu bunt und er beschloss, sich fortan wieder ausschließlich der Flora zuzuwenden und Tiere als Motiv zu meiden.

Als Künstler ohne festes Einkommen war der Carle häufig auf die guten Gesinnungen seiner Mitmenschen angewiesen, vor allem auf die Hersteller der Güter des täglichen Bedarfs wie Bäcker und Metzger. So erzählt mancher Kirchheimer Handwerker heute noch, unbeabsichtigt zum Kunstsammler geworden zu sein. In der Nähe von Weberscarles Wohnung befand sich die Bäckerei Schwarz. Dort besorgte er sein täglich Brot und zwar in Ermangelung von Barem angebotenermaßen im Naturaltausch. Brot gegen Bild. Als der Künstler eines schönen Morgens wieder mal in den Bäckerladen kam und Frau Schwarz ein Tauschangebot unterbreitete, machte die ihrer Sättigung mit Weber'schen Kunstwerken Luft indem sie ausrief: »Ach mir hen doch scho so viel Bilder von Ihne«. Ein Brot hat dr Webercarle – so viel ist überliefert – trotzdem bekommen. Auch ohne Erweiterung der Bäcker-Schwarz'schen ungeplanten Kunstsammlung. Das nennt man echtes Mäzenatentum. So hat Kunst- und Künstlerförderung in Kirchheim schon immer einen hohen Stellenwert gehabt. Lange vor der Einrichtung des Kunstbeirats.

Neben den Naturaltausch-Mäzenaten à la Bäcker-Schwarz und anderen gab es freilich eine gewisse Zahl echter und leidenschaftlicher KunstsammlerInnen in der Stadt. Zu ihnen gehörte seit den fünfziger Jahren die Zahnärztin Doris Nöth, die im Laufe ihres kunsterfüllten Lebens viele Maler und Grafiker persönlich kennen lernte, so auch den Weberscarle. Eines Tages sprach sie ihn auf den Preis eines Gemäldes an, das sie gerne haben wollte. Nach einigem Ringen mit sich selbst und zäher Abschätzung des Werts seines Werks nannte er einen Preis von 700 DM. Dann war da noch ein zweites, ähnliches Ölgemälde, das Frau Nöth ebenfalls haben wollte. Sie versuchte wiederum den Preis zu ergründen, und zwar in der sicheren Erwartung, zwei Gemälde müssten eigentlich pro Stück günstiger sein als ein einzelnes. Jedenfalls saßen die beiden einen ganzen Abend lang bei einer guten Flasche Wein zusammen, Frau Nöth wohl in der Annahme, der Preis könnte nachlassen, je weiter es auf Mitternacht zuging. Lange nach Mitternacht schließlich kam der Weberscarle (quasi nach dem Weine) mit sich ins Reine und machte der verdutzten Kunstsammlerin in einem Anflug von selbstloser Generosität, ja Opferbereitschaft, ein letztes Angebot: »1400 DM!« Frau Nöth, eigentlich eine schlagfertige Frau, war baff. Sie kaufte später dennoch beide Gemälde.

Einen anderen neugierigen Interessenten, der weniger ein Weber-Werk haben als vielmehr nur dessen Preis wissen wollte, fertigte der trotzige Künstler ab: »Dees isch so teuer, dass Du 's et amol agucka derfsch!«.

Rossbolla

Mehrmals wöchentlich trabte das Zwei-PS-Gespann des Spediteurs Rath aus dem »Paradiesle« von der Marktstraße herkommend durch die noch ungeteerte Flachsstraße und bog dann nach Süden in die Schuhstraße ein, um über die Wellingstraße nach Osten hin die Turmstraße und den Schweinemarkt zu erreichen. Der Kutscher, ein feuriger dunkelhaariger Typ mit Schnauzbart, brachte sein Fuhrwerk überall dort, wo Pakete zu entladen waren, mit einem langgedehnten »Brrrrrrrrr« knarrend zum Stehen, stellte seine Peitsche in die dafür vorgesehene Halterung und sprang vom Bock, um die schwere Fracht zu entladen. Zuweilen waren die Lieferungen an die Läden und Geschäfte in unserem Viertel so umfangreich, dass es schon mal eine Viertelstunde dauern konnte, bevor das Frachtgut sich im Lager des Bestellers befand: schwere Kabelrollen für Elektro-Kälberer, gekrümmte Rohre für den Ofensetzer Eggebrecht oder allerlei Gartengerät für Draht-Stark. Diese unverhoffte Ablade-Pause wollten auch die beiden Gäule nicht ungenutzt verstreichen lassen und entledigten sich einstweilen jener Last, die sich kiloweise in ihren Mägen befand: Rossbolla. Dabei legten die Rösser ein offensichtlich abgestimmtes Verhalten an den Tag, denn kaum hatte das eine damit angefangen, folgte dem prompt das andere.

Die Rossbollenhaufen als kostenlose Dreingabe des Frachtfuhrwerks waren eigentlich kein wirkliches Problem, denn es vergingen meist kaum zehn Minuten, bevor nicht Herr Leder-Merz, der an der Ecke Max-Eyth-Straße zur Schuhstraße, im ehemaligen Stiftshaus, einen Laden mit Schuhwichse der Marke Erdal und derbem Rohleder führte und hinter seinem Haus einen kleinen Garten unterhielt, mit Kutterschaufel, Besen und Eimer ausgerüstet erschien und den Rossbollensegen zum Zwecke der Düngung seiner Beete davontrug. So geschah es allwöchentlich und jedermann war's zufrieden.

Eines schönen Tags – Herr Merz muss krank gewesen sein – blieb jedenfalls der Haufen Pferdeäpfel liegen. Das müsste an und für sich nichts bedeuten, wenn dieselben nicht aufgrund eines anderen Ereignisses mehr oder weniger in den Mittelpunkt des Geschehens gerückt wären…

Zum erweiterten Kreis der Lausbuben-Bande um Raichles Viereck gehörten zeitweise zwei Kerle, die sich nicht riechen konnten. Der eine hieß Schauma-Frieder und der andere Koserle. Frieder Schaum war herausfordernd frech und von massiver Muskulatur, der vornamenlose Koserle dagegen eher schmächtig und enorm leicht erregbar. Man konnte mit ziemlicher Sicherheit Knatsch prognostizieren, wenn die beiden aufeinander trafen. So war es auch an jenem denkwürdigen Tag.

Schauma-Frieder hatte den Koserle wie immer provoziert, sobald dieser am Horizont der Schuhstraße Ecke Wellingstraße aufgetaucht war. Unflätige Ausdrücke flogen hin und her und es dauerte nicht lange, da rangen die beiden im Staub des Straßenkandels wie südamerikanische Kampfhähne miteinander oder besser gegeneinander. Muskelmassage nannte man das glaube ich damals und freilich wurde der Händel auch lautstark und immer boshafter ausgetragen. Schauma-Frieder hatte in dem ungleichen Kampf wie stets die Oberhand behalten und irgendwann die Muskelmassage bei dem auf dem Rücken im Straßendreck liegenden Koserle eingestellt. Triumphierend wollte er sich aus dem Staub machen. Er hatte jedoch unterschätzt, zu welcher Energieexplosion ein maßlos provozierter Koserle fähig war. Jedenfalls setzte der Underdog dem in Richtung Flachsstraße zur Marktstraße davonrennenden Schauma-Frieder entschlossen nach, musste jedoch auf der Höhe zwischen Draht-Stark und Fische-Wild-Geflügel-Schlaiers Laden einsehen, dass er seinen Erzfeind kaum mehr einholen konnte. Um den stärkeren Kontrahenten doch noch irgendwie zu treffen, fasste Sportskamerad Koserle kurzerhand den Entschluss, die auf der Straße liegenden Rossbollen in der Art eines Schneeballs mehrmals zu ballen und dem flüchtigen Provokateur nachzuwerfen. Dieser entkam zwar der stinkenden Wurfmasse mit knapper Not, doch das vor Schlaiers Laden ausgehängte Wild (ein Reh und zwei Hasen) sowie die große Schaufensterscheibe des Fischhändlers befanden sich unseligerweise im Wurfsegment des tobenden Koserle. Man kann sich vorstellen, was sich in den nächsten Minuten in der für gewöhnlich friedlichen Flachsstraße abspielte.

Herr Schlaier, der sich aus bereits bekannten Gründen des Öfteren zu energischem Eingreifen veranlasst sah, griff sich den stinkenden und schreienden, vor Wut kochenden und heulenden Rossbollenwerfer und machte ihn lauthals wie handgreiflich zur Sau. Er konnte nicht fassen, dass an seinem frischen Wild und den regelmäßig geputzten Schaufensterscheiben zähklebrige Exkremente triefend abbröckelten. Gleichzeitig setzte der in sicherem Abstand in Richtung Elektro-Kälberer stehende Schauma-Frieder seine Provokationen mit »langen Nasen« und kübelweisem Spott fort.

Unterdessen waren aus den umliegenden Geschäften Kunden getreten, die ebenso wie etliche Passanten mit neugieriger Aufmerksamkeit die Auswüchse des Kleinkriegs mit kopfschüttelndem Abscheu oder trockenem Gelächter aufnahmen bzw. ebenfalls laut zu schimpfen begannen. Die groteske Szene wurde im Minutentakt lebhafter und es dauerte geraume Zeit, bis jeder das ekelhafte Stink-Spektakel auf seine Weise kommentiert hatte. Danach wurde der permanent wutschnaubende und sich unsäglich unfair behandelt wähnende Koserle von dem aufgebrachten Fisch-, Wild- und Geflügelhändler zum Kehren des Rossbollen-Schlachtfelds verdonnert, nachdem er zuvor im Schweiße seines zornesroten Angesichts das Schaufenster von Herrn Schlaier auf Hochglanz hatte bringen müssen.

Vom Schauma-Frieder war freilich nichts mehr zu sehen, sodass man sich vorstellen kann, wie die nächste Begegnung der beiden Ungleichen verlief. Im Übrigen ahnte jeder, welche tiefgreifenden Folgen es haben konnte, wenn Herr Merz einmal erkrankte und die Rossbollen liegen ließ.

Bademeister Beckers. Oder: Hubertus jagt

Hubertus Beckers gehört zu jener Gattung Mensch, von deren Beruf die Umwelt meint, er sei in und mit diesem bereits auf die Welt gekommen. Er war der geborene Bademeister und in anderer Verwendung konnte und wollte man sich ihn auch nicht vorstellen. Jeder hat den wuseligen, stets braungebrannten, sehnigen Schwimmmeister vor Augen, dessen O-Beine an den »negativen Sturz« seines Goggomobils erinnerten. Ein jeder, der in den sechziger Jahren und danach das Freibad besuchte, weiß aus lebhafter Erinnerung, dass es sich um keinen gewöhnlichen Menschen handelte, sondern um eine Institution. Dieser Eindruck prägte sich vor allem jenen Lausbuben ein, die in Beckers Jagdrevier an der Jesinger Straße gegenüber dem Teckkeller auf die eine oder andere Art »wilderten«. Für sie wurden dann doch auch andere Berufsgattungen eines Hubertus Beckers vorstellbar: die des Jägers oder auch jene des Zirkusdirektors, wobei letzterer zuweilen sogar als sein eigener Clown auftrat.

Das »Wildern« in Hubertus' Jagdrevier konnte vielerlei Formen annehmen: Papiere achtlos wegwerfen, von der Seite in das Herren- oder noch schlimmer in das Damen-Becken springen, vom eigentlich gesperrten Dreimeterbrett hechten, mit dem Fahrradschlüssel Gucklöcher in die muffigen Holzkabinen bohren, Fußballspielen im Liegebereich und so weiter. Jugendliche Phantasie kennt ja da keine Grenzen. Die Konsequenz war jedesmal dieselbe. Ein gellender Pfiff, per Trillerpfeife oder in besonders dringenden Fällen auch ohne, danach ein ebenso kurzer, ohrenbetäubender Schrei, sodann ein energisch anspringender Turbo-Schwimmmeister der den direktesten Weg auf das zu erlegende »Wild« nahm, das er komischerweise zunächst mit »du Osterhase!« anschrie, bevor er es zur Schnecke machte. Ich gehörte – wie jeder aus unserem engeren Lausbubenkreis – nicht nur einmal zu diesem Freiwild und meine Erinnerungen an das Erdbeben namens Beckers verbinden sich seltsamerweise jedes Mal mit Asterix, dem Miraculix soeben den Zaubertrank verabreicht hatte. Hubertus Beckers vermittelte in solchen Momenten, in denen er sich wild gestikulierend vor einem aufgebaut hatte, den Eindruck einer kleinen Bombe, deren Ticker mit Sicherheit nicht bei 007 stoppte, wie in jedem James Bond Film, sondern nach weiteren langen sieben Sekunden tatsächlich explodierte. Ein erstes Signal für die bevorstehende Explosion war die rechte Hand und der daran hängende Zeigefinger, den der gelenkige Bademeister mit einer Frequenz von hundert Schwingungen pro Sekunde auf und ab bewegte, wobei zu unserem hellen Erstaunen der Zeigefinger nach der Explosion sich immer noch an der Hand befand – ein anatomisches Wunder, das bis heute unaufgeklärt blieb. Während des Hand-Finger-Stakkatos baute sich der durchtrainiert-muskulöse Body von Asterix Beckers vor einem auf und es begann eine nicht enden wollende Schimpftirade, die wie der Pfiff und das kalaschnikow-ähnliche Hämmern zum Waffenarsenal von Hubertus gehörte, wenn er sich im Sommer mehrmals täglich im Kirchheimer Freibad auf der Pirsch befand. Eine weitere Waffe – man könnte sie als wirkungsvolle Stichwaffe bezeichnen – kam gleichzeitig mit der Schimpfkanonade zum Einsatz. Der Körper des eher untersetzten Schwimmmeisters wurde nämlich während derselben – ein weiteres anatomisches Wunder – immer länger, so lang nämlich, dass sich die Nasenspitzen von Jäger und Gejagtem, auch wenn letzterer um einen Kopf größer war, fast berührten. Jeder, der jemals Hubertus als Asterix quasi Nase an Nase erlebt hat, wird sein Lebtag nicht die funkelnden, blitzenden Augen vergessen, mit denen er sein Opfer »niederstechen« konnte. Das gefährliche Blitz-Gefunkel war nicht nur Stichwaffe, sondern auch Hypnosemedium, was mich ein ums andere Mal an die Schlange Kaa im Dschungelbuch er-

innerte. Nach aus Hubertus' Sicht erfolgreicher Jagd empfand man es als gnädige Milde, wenn man – soeben demütig vom Altar des gestrengen Bademeisters gekrochen – mit einer Strafe von zwei Stunden Papieraufselen im Freibad davonkam. Man hatte überlebt, woran kurz zuvor noch nicht einmal andeutungsweise zu denken war.

Erst viel später lernten wir im Deutschunterricht, was es mit Hubertus' Jagd auf sich hatte, dass nämlich der Sohn des Frankenkönigs Theoderich seinen Jagdspieß auf einen Hirsch schleuderte, der Spieß aber am Geweih des Hirsches abprallte und plötzlich zwischen dem Geweih ein Kreuz aufleuchtete. Hubertus wurde später Bischof von Lüttich und an dem Ort begraben, wo er das Kreuz gesehen hatte. Der Papst sprach ihn später heilig und seitdem gilt er als Schutzpatron der Jagd.

Als diese Stelle in der Schule behandelt wurde, ging mir ein Licht auf, oder eigentlich mehrere. Meinem Lehrer war dies nicht entgangen, denn ich lauschte wie gebannt seinen Ausführungen, was er bei mir absolut zum ersten Mal erlebte. Denn erstens glaubte ich damals kapiert zu haben, was ein Gleichnis bedeutete, zweitens kam mir blitzartig in den Sinn, warum Hubertus Beckers Hubertus hieß (seine Eltern müssen über hellseherische Fähigkeit verfügt haben) und drittens war mir plötzlich klar, dass ich schon mal der Hirsch des Hubertus war. Daraus müsste sich folgerichtig ergeben, dass er eines Tages meine Grabstätte bestimmt und selbst heiliggesprochen wird. Nachdem wir ja nun Papst sind, müsste dieser abschließende Akt eigentlich problemlos über die Bühne gehen. Hubertus Beckers wäre damit nicht nur der erste heiliggesprochene Bademeister der Welt und Kirchheims, sondern zudem ein Heiliger, der mit einem Lausbuben als Hirsch Schutzpatron der Jagd wurde. – Weidmannsdank, kann ich da bloß sagen!

Sommernachtsfest. Oder:
Der fliegende Bademeister

Den absoluten gesellschaftlichen Höhepunkt der ehrwürdigen Zähringerstadt Kirchheim unter Teck bildete in den sechziger und siebziger Jahren zweifellos das jährliche Sommernachtsfest in den Städtischen Badeanstalten. Einer der Hauptvereine für Leibesübungen, der VfL, und insbesondere dessen zuständige Abteilung »Schwimmen« luden zum großen Stelldichein, d.h. zu Schwof und Fassbiergelage mit abschließendem Feuerwerk ins Freibad. Das alljährliche Spektakel war aber nicht nur unbestrittener Jahreshöhepunkt für die Freunde des Schwimmsports, sondern galt als Geheimtipp der glühenden Fans spannungsreichen Amüsements. Dies hing zusammen mit einem weltweiten Alleinstellungsmerkmal, das dem Kirchheimer Sommernachtsfest eigen war. Während man sich in aller Welt auf vergleichbaren Open air-Festen über teure Programme und hochkarätige Künstler den Kopf zerbrach und schmerzliche Löcher im Festetat befürchten musste und krampfhaft nachdachte, wie das verwöhnte Publikum zu amüsieren sei, erledigte dies in Kirchheim ein ortsbekannter »Artist« zum Nulltarif: Hubertus Beckers. Insidern war bekannt, dass der Bademeister bei besagtem Ereignis mit einer Überraschung aufwartete. Obwohl diese »Überraschung« jedes Jahr mehr oder weniger dieselbe war, wurde sie wie ein Geheimnis gehütet. Und es ist zu vermuten, dass ein nicht unerheblicher Teil der vielen hundert Gäste des Sommernachtsfests besonders deshalb den Weg in Hubertus' Revier suchten.

Das Highlight kündigte sich dadurch an, dass sich das Festpublikum vor Einbruch der Dunkelheit in Richtung Hauptbecken, damals »Herrenbecken« genannt, bewegte, sich im großen Bogen mehrreihig um das Dreimeterbrett gruppierte und der

spektakulären Vorstellung harrte, die da kommen sollte. Und sie kam. Und zwar in Gestalt des bereits vorgestellten Bademeisters, dieser nun in einem quergestreiften weiß-blauen spätwilhelminischen Ganzkörperbadeanzug, einer Gummibadekappe à la Quax der Bruchpilot, der plötzlich ein Fahrrad hervorzauberte. Erstes Gelächter auf den Rängen. Der in jener Kluft gedrungener als sonst wirkende Hubertus schulterte den Drahtesel als handele es sich um einen Hoola-Hoop-Reifen und stieg zum freudigen Entsetzen der erwartungsvollen Festbesucher damit auf das Dreimeterbrett. Beifall. Tiefe Verneigung von Quax Beckers in drei Richtungen. Dann schickte er sich an, die vierte Richtung anzupeilen, die über das Brett hinab ins Wasser führen musste. Man hielt den Atem an. Totenstille im Kirchheimer Freibad. Nein, der will doch nicht etwa… Oh Jeminee! Doch. Der Unerschrockene tat, was zu ahnen war: er schwang sich auf das alte klapprige Fahrrad, presste seine nackten Zehen in die Pedale und radelte das schmale und schwingende Sprungbrett entlang auf dessen Ende zu… Ein kollektiver Aufschrei begleitete den tiefen Sturz des »Artisten«, der über eine Minute lang nicht auftauchte, was das Schlimmste befürchten ließ. Die Frage war eigentlich nur, ob der wagemutige Beckers vom Fahrrad im Wasser erschlagen wurde oder – nach demselben unten aufgeprallt – mit Kopf und Hals in die Speichen geraten und solcherart zu Tode gekommen war. Auffallend war nur, dass von den zahlreich anwesenden Rettungsschwimmern, über die der VfL Kirchheim Abteilung Schwimmen verfügte, keiner Anstalten machte zu helfen. Und dann tauchte er doch tatsächlich wieder auf: Hubertus Quax Beckers, der Todesmutige, der sich jährlich mit dem Fahrrad vom Dreimeterbrett stürzte und überlebte. Es war in jenem Jahr ungefähr sein zehntes Leben, denn mit seinen Show-Einlagen hatte er etwa eine Dekade davor begonnen. Grinsend erhob sich sein Kopf aus dem Wasser des »Herrenbeckens« und die Heldentat wurde mit tosendem Beifall der bis ins Mark erschrockenen Gäste quittiert. Es war einmal mehr der gelungene Auftakt zu einer rauschenden Ballnacht, einem heißen Sommerevent im Juli in Kirchheims beliebtester Freizeitstätte. Mangels genügend geeigneter Tanzflächen hatte man wieder eigens das Wasser im Baby-Becken ausgelassen und die Live-Band am Beckenrand platziert, um möglichst hautnah und authentisch Pool-Feeling und Tanzgelüste zu vereinigen. Und es gab was zu erzählen. »Dieser Hubertus… neiiin!« »Unglaublich… irre, dieser Bademeister!« «Hast Du den gesehen… Wahnsinn!« »Heißer Typ, dieser Beckers, Mannomannomannomann?!« »Geile Einlage von Hubbi, absolut bärig, echt jetzt« »A irra Nommer. I han scho denkt, der sei vrsoffa!«

Der heldenhafte Schwimmmeister seinerseits bewahrte die Oberhoheit über »seine« Badeanstalt bis in die frühen Morgenstunden, ausnahmsweise von der Bar aus und auch noch nach dem vierzehnten Glas Quenzer. Noch bevor die ersten Sonnenstrahlen am Osthimmel über Jesingen erschienen, marschierte Hubertus Beckers in mehr oder weniger großen Bögen seinem trauten Heim in der Freiwaldaustraße 25 zu, obwohl er wenige Stunden später bereits wieder seinen Amtsgeschäften nachzugehen hatte. Sein Goggomobil ließ er einstweilen auf dem Dienstparkplatz vor dem Freibad stehen. Was das bedeutete, ahnte er zu diesem Zeitpunkt noch nicht.

Goggo à gogo

Hubertus Beckers war ein sehr gestrenger Schwimmlehrer – um es milde auszudrücken. Dieser Tatsache mag es geschuldet gewesen sein, dass ihn manch einer »auf der Latte« hatte. Es musste reizvoll sein, ihm einen Bossen zu spielen, insbesondere für jene Zeitgenossen, die er massiv davon abgehalten hatte, durch die handgebohrten Löcher in den miefigen Holzkabinen dem Zellennachbarn auf den Allerwertesten zu gucken. Muss das spannend gewesen sein! Kaum eine Kabine blieb ohne Gucklöcher. Das Kirchheimer Freibad: Ein Mekka der Voyeure! Wer hätte das gedacht? Die Kabine zwischen der Herren- und Damenumkleide sah aus wie ein Schweizer Käse und war dennoch (oder eben deshalb) ständig belegt.

Jedenfalls machte Hubertus im Rahmen seiner täglichen Jagd nach den Machenschaften in den stinkigen Bretterkabinen nicht Halt und zog manchem halbwüchsigen Voyeur die Ohren lang bis dieser jaulte und schluchzte und auf Knien Besserung gelobte. Vor dem Herrn. Vor dem Herrn Beckers nämlich.

Eines Frühjahrs Anfang der sechziger Jahre ereignete sich in dem Städtchen Kirchheim, genauer im westlichen, stadteinwärts gelegenen Teil des Freibads, etwas Ungewöhnliches, je nach Sicht Skandalöses oder gar zum Brüllen Komisches.

Vor dem besagten Anwesen, einschlägigen Kreisen bekannt als das dienstliche Domizil des geschäftsführenden städtischen Bademeisters Hubertus Beckers, zog sich eine Serie zusammenhängender Umkleidekabinen aus dunklem Holz, die des Bademeisters und Jagdgenossen Hubertus' Land von dem Gehweg abgrenzte, der längs daran vorbeiführt.

Der gute Hubertus hatte nach den besagten vierzehn Gläsern Quenzer regelkonform seinen fahrbaren vierrädrigen Untersatz

auf dem Parkplatz vor der Arbeitsstätte stehen lassen und war vom Sommernachtsfest zu Fuß nach Hause marschiert, wenn man es so nennen möchte.

Am nächsten Morgen, es war der Sonntag, trat er, nicht frisch aber entspannt, in sein Bademeisterhäuschen im Schwimmbad ein. Nachdem er in Badekluft die allmorgendlichen Streck- und Dehnübungen hinter sich gebracht hatte, trat er nach draußen Richtung Beckenrand und übte sich wie gewöhnlich noch ein wenig im Trockenkraulen, wie er das beidseitige Armschwingen und Vertikaldrehen seines in die Jahre gekommenen Sixpacks nannte. In eben dieser Kraulbewegung hielt er plötzlich wie gebannt inne, als habe ihn der Blitz getroffen. Kirchheims bekanntester Bademeister starrte auf das Dach der Herrenumkleidekabinen, als sei dort eben ein Ufo gelandet, das Etliche in Kirchheim ohnehin schon eine Zeitlang erwartet haben mögen, nur vielleicht nicht gerade dort. Hubertus Beckers traute seinen Augen nicht und eilte schnurstracks zurück in das Bademeisterhäuschen, wo auf dem Tisch seine dunkle Hornbrille lag, durch deren dickes Glas fast jeder von uns Lausbuben bereits vielfach in umgekehrter Richtung in die tiefen und funkelnden Augen des Meisters gesehen hatte. Jedenfalls erschien der trocken warmgekraulte Schwimmmeister nach wenigen Sekunden wieder mit der Brille auf der Nase vor seiner DLRG-Basisstation und musste sich langsam eingestehen, dass das Ufo seinem Goggomobil T250 nach Farbe und Form nicht nur ähnelte, sondern mit ihm identisch war. Kein Zweifel: seine geliebte, mausgraue, ein- bis viersitzige Kleinlimousine stand leibhaftig auf dem Kabinendach des Herrentrakts seines Schwimmbads und war wohl keine Fata Morgana, wie er in einem ersten Anflug dieses vermeintlichen Irrsinns hätte vermutet haben können.

Nachdem ihm die Zornesröte allmählich wieder aus dem Gesicht gewichen und sich die geschwollene Stirnvene ein wenig zurückgebildet, sich der noch sichtbar unter Schock stehende Beckers wieder gefangen hatte, begab er sich schnurstracks auf die Spurensuche. In der Art, wie er in seinem Freibad potentiellen Übeltätern nachzuspüren pflegte, suchte er nach Indizien für die Missetat. Seine innere Stimme und langjährige Erfahrung mit Lausbuben aller Art ließen ihn die dunkle Vermutung hegen, es seien wohl nicht fremde Mächte, sondern vielmehr menschliche Kräfte am Werk gewesen. Und damit lag er goldrichtig!

Die vermeintlichen Aliens vom fremden Stern wurden im Laufe der nächsten Wochen und Monate nach fieberhafter Suche ermittelt. Sie trugen allesamt wohlklingende, bekannte, bürgerliche Namen: Kreyschers-Bernd, Starka-Ginne, Gonser, Karle und Ulle Ruoff, Dirk Blankenhorn, um nur einige zu nennen. Es waren die baumstarken, teils Bodybuildern ähnlichen, muskulösen Burschen der legendären Wasserball-Mannschaft des VfL Kirchheim, Abteilung Schwimmen. Es stellte sich heraus, dass nahezu das komplette Team daran beteiligt war, des Schwimmmeisters Lieblingsgefährt, das schlappe 250 Kilogramm wog, in jener denkwürdigen Nacht mittels Paletten-Stapel-Technik und der puren Muskelkraft austrainierter Dreiundzwanzigjähriger auf das Dach der Herrenkabinen zu hieven. Sie hatten gewissermaßen das Ufo im Kirchheimer Freibad landen lassen. Man spricht in Kirchheim noch heute gelegentlich von dem Ufo als Goggo oder vom Goggo als Ufo. Oder vom Goggo à gogo.

Setzet au da Opa en d' Sonn. Oder: Dr Mr machts

'S aktivschde und bekannteschde Mitglied von ra normala
Familie isch dr Mr.
Dr Mr isch emmr ond iberall präsent, also omnipräsent.
Der prägt da Alldag wia koi anderer.
Em Grond isch dr Mr geschlechtslos.

'S kennd a Mo, a Weib oder au a Kend sei.
Wer hald grad do isch…
Verwandt mit am Mr isch dr Herr Oiner, d' Frau Oina oder 's
Kend Ois.
Oh – wenn dr Mr et wär!

Dr Mr machts, des isch a seelaguadr Mo
Isch emmer präsent ond emmer do.
An Mr braucht jeder Haushalt bestemmt,
oin, der em Zweifel 's Gschäft übernemmt

der et murrt ond ständig schempft
ond der an alle Fronta kämpft.
Wohl dem, der an Mr em Haus bei sich hot
mit dem r sich emmer guat verstoht.

Mr müsst amol da Müll nausbrenga
ond d' Wäsch glei no zom Trockna aufhenga.
Dr Mr brengt's Gsälz en da Sudrai na
ond könnt da Apparat amol d' Trepp na tra.

'S sott mol oiner 's Gschirr abspiala
dr Oma da Latz rombenda, weg'm Triala
am Butzele dringend da Bobbes abutza
an saugfähiga Lappa drbei benutza

Pampers sott mr mol wiedr kaufa,
sonsch wird d' Bria wieder onda naus laufa.
So a Sauerei sott mr vrmeida
Sonsch ko oim des Kend eines Tags nemme leida.

Mr sott amol dringend 's Fahrad aufbomba
ond au glei d' Spoicha putza, mit ama Lomba.
'S hendre Licht duat au neme
Ond dui Kette goht au bald he

wenn mr se et endlich mol schmiert,
ond au den Kettaschutz glei repariert.
Mr kennt vielleicht bei der Gelegaheit,
au 's Schutzblech befestiga, weil's bald schneit,

weil neamrd will da Matsch em Gsicht hao
ha heilix Blechle aber au,
bloß weil a soddigs (Blechle) fehlt oder et richtig sitzt
sodass oim dr Soich bis end Aora nei spritzt.

Mr kennt – weil mr grad bei de Verkehrsmittel send –
Au an d' Servolenkung am Auto denka, weil dui spennd,
a Tröpfle Öl kennt do nix schada
mr sott aber vorher dia Epfl auslada

fenf Säck sens bloß, fertig zom Moschda,
wenn da witt, kosch gern amol koschda,
dui Gwürzluig, der Maute oder au a saftiga Birn,
soll fir d' Verdauung guat sei sowia au firs Hirn.

Oina schreit, setzet au da Opa en d' Sonn
ond holt a Schapf Wasser aus dr Regatonn,
dass dia Bloma et vrdurschdet – se misset sich no entfalta
ond mindestens no bis zom Sonntag halta.

'S reißt auf, schreit dr Mr do quer durchs Haus
holet amol mei Rennrad raus.
»i will auf d' Alb nuff radla ond a Viertele schlotza«,
's soll bald gwittra, 's isch doch zom Kotza.

Dr Mr sott jetz mol da Ofa richta,
's Kamee vor am Wendr no adichta
d' Spechala kleimacha dass 's Fuir ogoht
– dass von uich jo koiner d' Flamm ausganga loht!

Dr Mr sott obedengt da Kaktus giaßa
sonsch verdordrdr – hört auf zom spriaßa.
Dr Gommiboom kennt au Wassr vrdraga
dr Hond braucht an Knocha zom aanaga.

Ausfiara kennd mr'n no eigentlich au glei,
's isch nemlich scho faif Minuda noch drei
bereits am Dreiviertl hot 'r ogfangt mit de Pfota zom scherra,
als weld'r sa: »i will jetzt ausgfihrd werra

ond zwor dalli, höchschde Eisaboh,
sonsch schiff e an uir Stechpalm no.
I will et leba wia a Hond
ond muaß wie Ihr Menscha älle drei Stond.”

D' Katz mault au schau, miau ond mio
's Katzaklo alloi macht dui Katz et froh,
a Longahaschee wär ra no liabr ond was zom Saufa,
bekanntlich däd se sich am liabschda Whiskas kaufa.

63

Sapprlott, dr Mr, des isch halt a Kerle
der sorgt sich om d' Viecher, 's isch schliaßlich ihr Herrle.
Dr Mr mäht d' Wies ond haied au glei
veschpred Punkt zwölfe, trenkt Moschd om halb drei,

setzt sich am Sechse auf da Lokus,
Schluss jetzt fir haid mit dem Hokuspokus.
Dr Mensch schafft zom Leba, ond et omkaird rom,
wer aloi zom Schaffa leabt isch selbr domm,

sonsch braucht mr mit Sechzg an neia Steiß
ond kriagt scho mit oisasechzg Reißmadeis.
Dr große Fremde isch dieser Mr
kommt drotzdem drher – ond dees machd oim ganz wirr –

als däd r'oim kenna,
jetzt muaß i me bsenna –
wo isch jetzt dees gwea?
Jetzt hanne's: heut morga hannen em Spiegel gsea.

(A) Kábale und (viel) Liebe

Beim Nachdenken über Friedrich Schillers 250. Geburtstag vor ein paar Jahren fiel bei mir endlich der Groschen, der damals im 18. Jahrhundert noch gegolten hatte. Wie war der Dichter wohl dazu gekommen, in der Zeit, wo alles so stürmte und drängte, es also wirklich dramatisch zuging, sein Bühnenstück gerade »Kabále und Liebe« zu nennen?

Doch da kam mir die entlarvende Einsicht – Wahrheiten sind manchmal einfach – der früh pubertierende Friedrich habe womöglich täglich morgens nicht Kaffee, Tee oder warme Milch zum Frühstück auf den Tisch bekommen, sondern seine besorgte Mutter habe dem Bua, der ja immer als schwächlich und kränklich galt und dies zeitlebens auch blieb, einen kräftigen Kakao verabreicht, also einen Kába, schwäbisch verniedlichend einfach »a Kábale«. »Bua, do isch dei Kábale«, pflegte Mutter Schiller allmorgens, wenn alles ganz frisch und neu war, ihrem Friederle zuzuhauchen, während sie ihm liebevoll durch sein lockiges Haar strich, nach dem später ja bekanntlich die »Schillerlocken« benannt wurden. Aber das war jetzt fast zu viel Schiller auf einmal! Der Kaba war ihm jedenfalls von der treusorgenden Mutter immer mit so viel Liebe und warmer Zuneigung serviert worden, dass sich das Friederle auch dann noch an den heißen Plantagentrank erinnerte, als er längst ein gestandener Friedrich war und richtige Bücher schrieb. Kábale und Liebe waren für ihn so eng verbunden, so sehr eins, in einem Wort: so prägend, dass er, als er 1772 beim Nachsinnen über die absolut wesentlichsten Dinge des Lebens sich selbst zuflüsterte: Kábale und Liebe. Nichts anderes. Dabei fiel ihm ein gewaltiger Stein vom Herzen mit einem solchen Ruck, dass dabei fast die Kábatasse vom eichenhölzernen Frühstückstisch gefallen wäre. Wie freute er sich

über die Kindheitserinnerungen der frühen Jahre nach 1759 im heimischen Marbach am schönen Neckar und erst recht über den genialen Handstreich, nämlich durch schlichtes Verändern der Betonung von der ersten Silbe auf die zweite aus Kábale ein Kabále gemacht zu haben. Später, als er unter die Räuber geriet, hat er sich zuweilen nach seinem berauschenden Schokoladentrank gesehnt. Oh ach! Wie sehr vermisste er ihn nun doch so manches Mal.

Mit diesem Stück gelang es erstmals in der Menschheitsgeschichte einem Schriftsteller (das lässt sich in jeder fortschrittlichen Dogmengeschichte nachlesen), einen tropischen Plantagentrank in den Mittelpunkt eines klassischen Dramas zu rücken und auf diese Weise wahrhaftig Literaturgeschichte zu schreiben. So erhielt die Marke Kaba genau jenen Stellenwert, der ihr mit Fug und Recht gebührt. Wer, frage ich, hat nicht dem frühmorgendlichen Kábale wesentliche Lebensenergie – womöglich sogar sein Überleben – zu verdanken. Und niemand möchte sicher vergessen, wie sehr er nach dem Zeitalter des Kabatrinkens wie weiland Friedrich Schiller dem Weine sich zuneigte, der – wir ahnen es inzwischen – eben deshalb auch Schillerwein genannt wird. Mit ihm lässt sich genüsslich auf die eigene Gesundheit und die der anderen anstoßen. Es seien, so wird gesagt, jedoch schon viele um ihre Gesundheit gebracht worden, weil sie allzu häufig mit Schillerwein auf dieselbe anstießen.

Die unbemerkte Mutation. Oder:
Der Wunsch als Mutter des Gedankens

Neulich wieder vor dem Spiegel. Oh je. Das Baumwoll-Unterhemd oberhalb des Nabels. Meine Frau hatte sich bei der Hochzeit 1985 entschieden, jedes Sonderangebot an Unterwäsche zu nutzen und mir einen ansehnlichen Textilberg der Größe L zu besorgen. Die inzwischen schrankweise vorhandenen uncoolen Männer-Dessous haben eines gemeinsam: Eben die Größe. Das ist insofern bemerkenswert, als ich 1985 tatsächlich – ausweislich unserer Hochzeits-Fotos – diese Größe hatte, sich jedoch mein Leibesumfang proportional zur zeitlichen Entfernung vom Tag unserer Vermählung erweiterte. Da es sich hier um einen Prozess handelt, der in der Tat nicht täglich, sondern eher zehnjährlich, quasi nicht revolutionär sondern evolutionär, sichtbar wird, muss er an meiner Frau, der sonst wenig entgeht, vorbeigegangen sein. Sie bleibt beharrlich bei Käufen, um nicht zu sagen Fabrikaufkäufen, der Größe L, sodass ich davon ausgehe, bei permanent sich steigernder Gewichtszunahme, in spätestens zehn Jahren meine Unterhemden bauchlos zu tragen, quasi als eine Art Top für den gereiften Herrn, der nicht gewillt ist, seinem fünften Frühling die Figur zu opfern und auf den Genuss von Schweinshaxen oder gesalzenem Griebenschmalzbrot zu verzichten oder gar Stilles Wasser dem geliebten Doppelbock vorzuziehen.

Da ich nun in einem Alter bin, wo man sehr lange Zeiträume retrospektiv zu überblicken in der Lage ist, kann ich einen schleichenden Realitätsverlust bei meiner Gattin ausmachen. Sie hat meine allmähliche Mutation vom Bantamgewicht in die Schwergewichtsklasse, meine Expansion von L zu XXL, nicht wirklich wahrgenommen oder vielmehr: wahrnehmen wollen. War da womöglich der Wunsch der Vater des Gedankens bzw. – um im Bild zu bleiben – die Mutter des Gedankens? Ich vermute: ja!

(K)logeleien

Nein, ich konnte mich vor lachen kaum mehr halten. Ich saß da und las und lachte. Wieder einmal durfte ich Erfahrung mit einem Lachkrampf machen. Als junger Student auf dem Uni-Klo in Nürnberg. In einer Kabine, auf deren weißlackierter Tür irgendein namenloser Witzbold tiefschürfend über die unterschiedlichen Funktionen einer Toilette nachgedacht haben musste und seine Weisheit der Nachwelt unbedingt erhalten wollte: »Some are here to think and sit, others are to stink and shit.«
Das stand schwarz auf weiß oder vielmehr dunkelgrün auf hellgrau vor mir, gekritzelt von einem bekloppten »Vorsitzer« mit einem Permanent-Filzliner, der vermutlich dabei war, sein Auslandssemester an der London School of Economics in mittelfränkischen Klo-Zellen zu verarbeiten. Derselbe Kommilitone kam wohl während seines Aufenthalts im Vereinigten Königreich zu einer eigenen Interpretation der englischen Nationalhyme: »God shave the Queen!« Wie gut nur, dass Queen Elisabeth im Falle ihres Besuchs der Universität Erlangen-Nürnberg die Damentoilette benutzt.
In den Hörsaal zurückgekehrt, packte mich der Lachkrampf aufs Neue und ich entschied mich, den Vorlesungsbesuch wiederholt zu unterbrechen, nötigenfalls mangels Aussicht auf Besserung ganz abzubrechen. Als Option bot sich da der »Trichter« an, eine Mischung aus Cafeteria und Studentenkneipe im Keller des Gebäudes Findelgasse 7 in Nürnbergs altehrwürdiger ehemaliger Handelshochschule, wo man seinen Lachkrampf im dicken Rauch zahlloser Zigaretten ersticken oder im angeschwollenen Lärmpegel leidenschaftlich diskutierender KommilitonInnen auflösen konnte.
Mein Gelächter nahm eine trotzige Eigendynamik an, die mir langsam peinlich wurde. Ich konnte die soeben durchlebte

Klo-Lektüre nicht einfach verdrängen, so sehr ich mich auch darum bemühte. Immer wieder eine Salve und es begann von vorn, als säße ich noch auf dem Klo. Ich stellte mir vor, so etwas passierte mir vor einer wichtigen Klausur! Ohgottogottogott! Nicht auszudenken…

Aufgrund der unmittelbaren starken Gefährdung nahm ich mir zumindest vor, zukünftig bei Bedarf eine andere Kabine aufzusuchen.

Zwei Tage danach »saß« ich mal wieder. Und las. Und lachte. »Keiner wäscht Reiner«, stand da. Was man doch durch einfache Groß- und Kleinschreibung alles bewirken kann, dachte ich insgeheim, die Werbebotschaft des Waschmittels OMO noch im Gedächtnis (»Keiner wäscht reiner«). Mein Studienkollege hieß Reiner und schrieb sich unglücklicherweise mit »e«. Er kannte die Werbebotschaft längst aus leidlicher Erfahrung. Meine Augen klammerten sich sodann fest an einer Einschätzung, deren Autor ich im Verdacht hatte, dass er vielleicht nach frustrierenden Erfahrungen und nicht allzu optimistisch die Toilette aufsuchte und gar nicht schmeichelhaft für Hochschule und Lehrkörper an die Klotür schmierte: »Wir sind Studierende von heute, die in Unis von gestern durch Profs von vorgestern auf die Herausforderungen von übermorgen vorbereitet werden.« Wer nicht solche realistischen Einschätzungen des realen Lebens suchte sondern auch ironische Selbsteinsichten oder witzige Hinter(n)gründe, brauchte nur die Toiletten aufzusuchen und zu lesen: Einwohnermeldeamt. Ein sehr dickes Ehepaar erscheint. Der Beamte: Haben Sie Kinder? Das Ehepaar: Nein, sind wir vielleicht Akrobaten?

Andere Zellenbesucher meinten, als Ökonomie-Studenten ihre Vorstellungen von der Dialektik Arm-Reich an die Tür kritzeln zu müssen. Frei nach Woody Allen stand da: »Geld ist besser als Armut – wenn auch nur aus finanziellen Gründen.« Auch andere Weisheiten wurden an der Stätte der Besinnung zum Besten gegeben: »Geld allein macht nicht glücklich – aber auch nicht gerade unglücklich.« Das hatte ich schon mal gehört. Ich wusste nur nicht mehr von wem. Auch dass »Geiz die Armut der Reichen« sein solle, war mir bereits vorher begegnet. Ein anderer wiederum relativierte das Vorhandensein eines Wissensbestands mit einer gewissen Eigenlogik: »Vater: Was du weißt, kann dir niemand nehmen. Sohn: Was ich nicht weiß, kann mir auch niemand nehmen!« Einige Kommilitonen waren mit ihrem Literaturstudium noch nicht sehr weit gekommen: A: »Was liest du gerade?« B: »Das Kapital von Karl May!« A: »Das ist doch nicht von Karl May sondern von Karl Marx!« B: »Und ich wundere mich schon die ganze Zeit darüber, warum keine Indianer vorkommen.«

Ein Witzbold vom Lehrstuhl Personalmanagement muss ebenfalls auf dem Klo gewesen sein. »Der Chef einer Firma auf die Frage, wie viele bei ihm arbeiten: ›Drei Viertel ungefähr‹«.

An unserer Universität saßen offenbar die heißen Kandidaten für die Aufnahme in den Fachverband Freier Werbetexter e.V. und gleichermaßen unentdeckte wie ungeheuer talentierte »Copywriter«. Um die Zukunft unserer hochkreativen und innovativen Bildungsanstalt an der Pegnitz brauchte sich niemand ernsthafte Sorgen zu machen!

Ohne Gewissensbisse

Neulich saß ich im Wohnzimmer und las ein Asterix-Heft. Meine fünfzehnjährige Tochter Anne, die gerade im Stechschritt durch den Raum marschierte, schüttelte den Kopf und kommentierte verwundert, wie ich für so etwas Zeit haben könne, sie könne sich das angesichts von drei Klassenarbeiten in Hauptfächern in der nächsten Woche nicht erlauben. Meine Entgegnung, es handele sich schließlich um »Asterix« in spanischer Sprache und mein dahingefaselter Rechtfertigungsversuch es gehe hier im Grunde um sprachliche Fitness und kulturhistorische Weiterbildung machte den Kohl auch nicht mehr fett. – Da hat sich offenbar gegenüber früher etwas umgekehrt. Ich erinnerte mich an Ermahnungen meiner Mutter, doch bitte die Micky-Maus-Hefte wenigstens zeitweise mit dem Deutschbuch auszutauschen oder daran, dass mir mein Vater die dringende Empfehlung gab, … à propos… von meiner »vier« in Physik herunterzukommen, vorschlagsweise zunächst einmal auf eine »drei«. Damit Sie verstehen was gemeint ist: also von »krass cool« auf »genial« zuzusteuern. – Und nun das. Verkehrte Welten! Nun darf ich als Erwachsener nicht mal Asterix in Spanisch lesen. Was ist das für eine neue Generation. Welche Geister haben wir da gerufen? Was haben wir falsch gemacht? Und ich habe mir einen kurzen Moment ernsthaft überlegt, das Asterix-Heft aus der Hand zu legen und lieber an meine nächste Vorlesung zu denken… So betroffen war ich. Beruhigte mich aber bald wieder, indem ich mein Berufsethos beschwor. Immerhin hieß das Heft »Asterix y los Normandos« und das Verhältnis zwischen Galliern und Normannen ist für die Geschichtswissenschaften ein so zentrales Thema, dachte ich, dass ich mir erlauben dürfte, weiterzulesen. Das tat ich. Ohne Gewissensbisse bis zum Ende.

»Falllückziehel« und »Heiligsbiegleiseaberau«

Eines schönen Sonntagnachmittags, es war wohl Anfang der 70er Jahre, stand ich mal wieder auf der Tribüne im Lindach-Stadion an der Jesinger Straße. Es war ein Spiel der Zweiten Amateurliga, Gruppe 3. Der VfL Kirchheim hatte es mit dem TSV Blaubeuren zu tun. Im Stadion um mich herum die üblichen Verdächtigen: Heiner Albrecht, Harry Burkmann, Eugen Sigel, Vater Hartlieb, Detlev Pflüger… alles eingefleischte VfL-Fans, deren beste Fußballjahre bereits zwei oder drei Jahrzehnte zurück gelegen haben mochten. An ihrer glühenden Leidenschaft hatte sich allerdings nichts geändert. Eher im Gegenteil. Beim letzten Spiel gegen den 1. FC Donzdorf hatte mich Heiner mit seinem Regenschirm fast erschlagen, als das hundertprozentige Tor partout nicht fallen wollte und er unter einem lautstarken »Haheiligsbiegleiseaberau« das Tor womöglich selber schießen wollte. Ich konnte gerade noch den Kopf einziehen, sonst wäre im Kirchheimer Stadion an jenem Sonntag womöglich ein Guillotinierter zu beklagen gewesen.

Bei Halbzeit holte ich mir wie üblich eine »Rote« und trank eine Flasche »Quenzer« dazu. Ich hatte soeben den ersten Bissen genussvoll verschlungen, als ich mit einem Fußballfan, der soeben den Spiel-Rückstand von 0:2 mit einem tiefen Schluck Bier hinunterspülte, ins Gespräch kam und dann ebenfalls herzhaft in seine Rote biss. »Schmeckt gut, die Lote« meinte er. Ich bejahte nachhaltig und stutzte gleichzeitig. Hatte da jemand »Lote« gesagt? Ich schaute ihn näher an und sah tief in zwei freundliche Schlitzaugen, soweit man da eben durchsehen konnte. Wir kamen bei unserem Trauerbier, gewissermaßen als Leidensgenossen, ins Gespräch. Leid bindet, zumal bei »Lote« und »Biel«, wie mein netter Gesprächspartner sich auszudrücken pflegte.

Der VfL-Fan stammte auf meine neugierige Nachfrage hin aus »Kolea«. Irgendwo in Asien, dachte ich, musste dann aber über meine eigene lange Leitung lächeln wie er und wiederholte: »Korea, ah ja, Südkorea vermutlich, gell?«. »Jajajajaja«, bestätigte der immer noch lächelnde vermutlich erste südkoreanische VfL-Fan mit Faible für schwäbische Grillwurst und Bier aus Urach.

Wir begaben uns lang- und gemeinsam wieder Richtung VfL-Fanblock und fachsimpelten angeregt weiter – so eine Art schwäbisch-koreanischer Fachdialog in Sachen Fußball. Herr Jian Peng, so hieß mein neuer Freund aus dem fernen Korea. Irgendwie erinnerte mich der Nachname von Jian, ich weiß nicht warum, an einen Fußball-Witz, den ich kurz davor irgendwo gelesen hatte und den ich ihm erzählte: Mordprozess. Schwurgericht. Der Vorsitzende fragt die Angeklagte: »Weshalb haben Sie Ihren Mann ausgerechnet während der Sportschau erschossen?« Die Angeklagte: »Ich konnte nicht anders. Er rief dauernd: Nun schieß doch endlich!« Freund Peng konnte vor lauter Lachen kaum mehr atmen. »Ein illel Witz«, brachte er unter seinen Lachsalven gerade noch hervor.

Jian Peng wohnt seit zwei Jahren in »Kilchheim« und outete sich sogleich als profunder Kenner der deutschen Fußballszene, nachdem ich ihn vorsichtig tastend gefragt hatte, ob er denn auch die Namen einiger deutscher Fußballspieler kenne. »Klal«, antwortete er prompt und warf mir dabei einen noch schlitzigeren »Wie-können-Sie-mich-sowas-fragen-Blick« zu. »Flitz Waltel, Uwe Seelel, Flanz Beckenbauel, Günthel Netzel…« begann er mit einer nicht enden wollenden Aufzählung – so wahr ich Lolf Waltel heiße. Und wer sein Lieblingsspieler sei, wollte ich von meinem neuen koreanischen Fußballfreund wissen. »Geld Müllel, ein sehl gefähllichel Toljägel«, den man niemals aus den Augen lassen dürfe. Er sei, fügt Sportskamerad Peng hinzu, »del beste Stülmel nach Uwe Seelel«. »Seelel«, analysiert er weiter ebenso fachmännisch wie leidenschaftlich »wal gefülchtet wegen seinen Falllückziehln«. (Welche Zahnlücke, dachte ich insgeheim zunächst, lächelte dann aber wieder ob meines selbsteingestandenen Hör- bzw. Dachschadens). »Müllel« dagegen, sei eher als »Abstaubel« bekannt geworden. In unserem Fachgespräch kamen wir dann (wir hatten uns das »Biel« zur »Loten« inzwischen schmecken lassen) auf die Spiel-Taktik zu sprechen und so unweigerlich auch auf die richtige Abwehrstrategie und deren personelle Besetzung in der deutschen Nationalmannschaft. Freund Peng meinte, »Geolg Schwalzenbeck« sei nicht zu ersetzen. So wie Franz Beckenbauer als »Libelo« (hieß so nicht dieser Lippen-Fettstift?) nicht seinesgleichen habe, so sei besagter Schwarzenbeck geradezu »belühmt wegen seinel Glätschen«. Fürwahr, von der »Schwarzenbeck-Grätsche« sprach die Welt. Gegner der deutschen Nationalmannschaft oder von Bayern München stuften sie gelegentlich als Blut-Grätsche ein und hatten dabei häufig nicht ganz unrecht. For further details ask the local Ambulance Station. Jian Peng wusste selbstverständlich auch, dass Schwarzenbeck mit Spitznamen »Katsche« hieß, womöglich eine phonetische Abwandlung von Grätsche. Nichts Genaues weiß man nicht, wie der »Flanz« sagen würde. Nicht jeder hatte damals Schienbeinschoner. »Sienbeinsoner«, wie Jian sagt.

Kamerad Peng war übrigens, das sollte sich im Laufe unseres weiteren anregenden Gesprächs in Zeitbös' Jagdrevier herausstellen, nicht nur ein ausgezeichneter Kenner des deutschen Fußballs, sondern war auch bestens im Bilde, was den VfL und seine aktiven Protagonisten anbelangt. »Challes Klatzel, Welnel Hund, Güntel Lichtel, Flanz Platz, Hansi Gleitsch (völlig richtig ausgesprochen und nicht etwa Greitsch), Jockl Haltlieb, die Zwillingsblüdel Lowski,« (genau, nicht Rowski) sodann große Namen wie Püschel, Poppe, Fischer, Franzusiak, Pallinger, Kirschmann usw. aus der legendären VfL-Elf zauberte er nur so aus dem Ärmel. Selbst »Hally Schmalz, den Linksaußen des VfL« kannte er. Ich war begeistert. War doch Harry-alleene mein Teamkamerad in der C-Jugend. Ich stürmte (wenn man es so nennen will) rechts außen, Harry wie gesagt links. Der wesentliche Unterschied zwischen uns beiden ohnehin ungleichen Stürmern war, dass Harry seinen Fan-Block in Person seines Vaters laut und ausdauernd »Harry alleene!« rufend am (natürlich linken) Spielrand stehen hatte, während mein Fan-Block namens Gottlob Walter zu Zeiten in der Wurstküche oder im Fleischerladen in Kirchheims Schuhstraße 3 bzw. 3a stand und gelegentlich dafür sorgte, dass es (in der sympathischen Diktion von Jian Peng) »Lote Wülste« gab. So nimmt es kein Wunder, dass Jian im Gegensatz zu dem als »Harry-alleene« zu legendärem Ruf gelangten Kameraden Schmalz meinen Namen nicht kannte. »Lolf Waltel, ääh nein, nie gehölt«. Schade, dachte ich, hätte mir richtig gut getan. Ich war und blieb also ein fußballerischer Nobody und bevor ich darüber in eine mittelschwere Depression verfiel, fragte ich Freund Peng schnell, ob ich ihn zu einem weiteren »Quenzer« einladen dürfte. »Gelne«, gab er zu. Ich klärte ihn über meine kurze Fußball-Episode auf und im Laufe unserer weiteren Unterhaltung erfuhr ich auch, dass er in seiner Jugend beim FC Seoul als Innenverteidiger spielte und später mit seinem Vater nach Württemberg emigrierte. Er arbeitete wie dieser bei Bosch und war wohnhaft in Kirchheim in der Eichendorffstraße, ein paar Steinwürfe vom Stadion entfernt.

Ach, waren das Zeiten, so etwa ein Jahrzehnt bevor koreanische Spitzenspieler wie Bum Khun Cha, den man aus leicht nachvollziehbaren Gründen mit Spitznamen Tscha-Bum nannte, in der Bundesliga ihr Stelldichein gaben. Mann, waren das Zeiten, als Eintracht Frankfurt und mit ihr Tscha-Bum den UEFA-Pokal holte, ein Kunststück, das der Südkoreaner 1987/88 mit Bayer 04 Leverkusen wiederholte. Eigentlich sind diese herausragenden Erfolge kein Wunder, gehört Tscha-Bum doch zu dem legendären Geburtsjahrgang 1953, wie z.B. die brasilianische Fußballgröße »Zico«, der 1983 Weltfußballer des Jahres war.

Bum Khun Cha hatte seine Fußball-Karriere übrigens bereits mit 15 Jahren beim Luftwaffensportklub (!) Seoul begonnen. Na wenn man da nicht schießen lernt! Tscha-Bum... Selbst Torwart-Legenden wie Toni Schuhmacher oder Sepp Maier lehrte er das Fürchten. Man könnte sagen, es handelt sich bei ihm um die südkoreanische Ausgabe eines Gerd Müller, sowohl was die Statur, den Oberschenkel-Umfang als auch die Art des explosionsartigen Torschusses anbelangt. Es überrascht nicht, dass damals in der öffentlichen Diskussion häufig von der »gelben Gefahr« gesprochen wurde. Und es blieb gefährlich in Europa, denn Tscha-Bum sorgte nicht nur für permanente Gefahr im gegnerischen Strafraum, sondern auch für Nachwuchs im eigenen. Fußballfreunde wie Jian Peng kennen natürlich seinen Filius, den 1980 in Frankfurt geborenen Cha Du-ri und die Fans in Bielefeld, Frankfurt, Mainz, Koblenz, Freiburg und Glasgow wissen um die Qualitäten des koreanischen Nationalspielers, der mit seiner südkoreanischen Mannschaft bei der Weltmeisterschaft 2002 im eigenen Land immerhin den vierten Platz erreichte.

Gerd Müller verfasste seinerzeit einen autobiografischen Bestseller mit dem ebenso hochspannenden wie intelligenten Titel: »Dann macht es Bumm!«. Ich warte sehnsüchtig auf Bum Kun-Cha's Lebensbeschreibung, die wohl (frei nach Edgar Wallace) heißen wird: »Hier spricht Tscha-Bum«.

Ich muss dringend meinen Freund Jian Peng mal wieder treffen, um zu erfahren, wie weit das Buchvorhaben gediehen ist. Welch ein Glück, dass am Sonntag der VfL spielt! Da vespern wir sicher wieder eine »Lote« und trinken ein »Quenzel-Biel« zusammen. Na denn Plost!

»Ich heiße Bond… James Bond«

Ich heiße Walter… Rolf Walter.

Angenehm!

Walter mit ›Wilhelm‹, ›Anton‹, ›Ludwig‹, ›Theodor‹, ›Emil‹, ›Richard‹, also ohne ›Heinrich‹.

Ähem… Gewiß!

Walter wie Fritz!

Bitte?

Walter… wie Fritz Walter!

Ähm… Verstehe…

Sind Sie…?

Nein, weder verwandt noch verschwägert.

So, so…

Leider!

Bitte?

Mit Fritz Walter wäre ich gerne verwandt.

Ahhh… ja.

Sicher doch.

Ich auch!

Was… ich auch?

Mit Fritz Walter wär ich auch gern verwandt

Verstehe…

Glaube ich gleich

Sind Sie aber wohl nicht?

Schicksal!

Wie man's nimmt

Ja, ja, '53…

Sie meinen '54…

Nein… '53. Der 1. FCK war 1953 zum zweiten Mal Deutscher Meister…

Ach ja, als er gegen Schalke…

Das war Ottmar!

Wer oder was? Welcher Ottmar?

Bittschön?

Na...der Bruder!

Bruder?

Der Fritz war doch evangelisch!

Wieso evangelisch?

Weil er nie in einem Orden war

Wieso in einem Orden?

Ja, wo soll's denn sonst Brüder geben?

In einer Familie zum Beispiel!

Warum sagen Sie das denn nicht gleich?

Hab' ich doch!

Haben Sie nicht!

Sie meinen also, Bruder Ottmar habe 1953 gegen Schalke das Tor geschossen?

Jetzt hat's bei Ihnen geklingelt

??? *(wendet sich um)*

Ich habe gar nichts gehört…!

??? *(verdreht kopfschüttelnd die Augen und tritt ab).*

Bekenntnisse eines Schichtnougatsüchtigen

Ich war auf dem Weg zur Post. Von der Jesinger Straße marschierte ich stadteinwärts über die Kreuzung am Amtsgericht in die Dreikönigstraße, an deren Ende ich die Marktstraße kreuzte und über den Schlossplatz weiter in Richtung Stadtbibliothek zu gehen gedachte. Soweit kam's vorerst aber nicht, denn auf der Höhe des Gebäudes Schloßplatz 1, dessen Biegung zum Markt hin ein bunter Laden mit dem wunderbaren Namen »Süßes Eck« ziert, erfasste mich wie von Geisterhand eine magische Kraft, der ich mich hilf- und schutzlos ausgeliefert sah. Von dem Laden, aus dessen Schaufenster mir eine Verkäuferin gewinnend entgegenlächelte, ging eine magisch-magnetisch-bezaubernde Wirkung aus. Sie (die Wirkung und vielleicht auch die Verkäuferin) war(en) jedenfalls in der Lage, in meinem Kopf oder sogar gesamtkörperlich im Nu alle Sicherungen durchbrennen zu lassen. Es zog mich ein unsichtbares Etwas in den Laden und wohl ohne Vorsatz und Fahrlässigkeit ertappte ich mein Alter Ego, wie es ebenso gewinnend auf die Dame hinter dem gläsernen Verkaufstresen zugehend schüchtern über denselben die Frage hauchte: »Haben Sie, ähem, hm… Schichtnougat?« Sie drehte ihre Augen tief grübelnd himmelwärts, verengte sie dabei auf Schlitzhöhe und dachte sichtbar nach. Ich fühlte schon den Anflug einer gewissen ungewissen Resignation in mir, als ich den warmen Hauch eines Lächelns über ihre Wangen und Augen huschen sah. Fasziniert, vielleicht ein bisschen gierig, verfolgte ich ihre erhabenen Bewegungen auf einen weißen Holzschrank mit Flügeltüren zu, der inmitten des »Süßen Ecks« stand. Mit einer unnachahmlichen Feierlichkeit öffnete sie die Schranktüren und nun war das flüchtige Lächeln in ein herzhaftes Liebesversprechen übergegangen: »Wieviel derf's denn sei'?«

Die mir über Jahrzehnte anerzogene Selbstdisziplin hielt mich davon ab, der ahnungsvollen Verkäuferin um den Hals zu fallen und sie von oben bis unten und wieder zurück abzuküssen. Ich geriet in Wallungen und spürte mein Alter Ego in mir kämpfen. Es müssen zwei Alter Egoae gewesen sein, denn das eine schlug »ein Pfund« vor, wohingegen das andere »höchstens 100 Gramm« gewähren wollte. Der Kampf der beiden ging unentschieden aus und ich spürte, wie über meine Lippen ein durch inneren Frieden zustande gekommenes, entschlussstarkes »300 Gramm bitte« kam.

Der lieben Nougatverkäuferin war das Ringen meiner zwei ungleichen Seelen nicht verborgen geblieben und sie freute sich höchst verständnisvoll und sichtbar über den hart errungenen Kompromiss, indem sie flötete: »Solle 's als Gschenkle eipacka?« Mich überkam ein viel zu spontanes, hoch verdächtiges »oohhh noi!« denn in meiner für Sucht zuständigen rechten Hirnhälfte und folglich in meinem Mund schmolz bereits das Schichtnougat hemmungslos dahin. Sie hatte eigentlich schon so gefragt, als erwarte sie eine Verneinung ihrer Frage, denn ihre zarten Hände waren bereits in Richtung der meinen, süchtig ausgestreckten und fast flehend aufgehaltenen gereicht und hatten den unbeschreiblichen Schatz ebendort hineingelegt. Es waren zwei dicke Scheiben reinsten Schichtnougats, die mich durch die dünnschichtige und komplett durchsichtige Cellophanfolie anstrahlten.

Die erste Scheibe hat das Kirchheimer Postamt nie gesehen, denn sie befand sich bereits auf der Höhe vom Modehaus Bantlin in Mund und Magen des Schichtnougatsüchtigen. Auch die zweite 150-Gramm-Scheibe wurde alsbald von einer fürchterlichen Sklerose heimgesucht und hatte eine Halbwertzeit von geschätzten zehn Minuten, denn so lange wird der Rückweg vom Postplatz zur Lila Villa in der Jesinger Straße wohl gedauert haben.

Beim zweiten Besuch des »Süßen Ecks« war ich überwältigt. Das Datum, der 17. Februar 2012, ein Freitag, hat sich – Suchtexperten kennen das Phänomen aus ihrer Praxis – in meiner rechten Gehirnhälfte förmlich eingrammiert. Denn an diesem Tag war soeben ein größeres Paket mit vielen Kilogramm Schichtnougat angeliefert worden, dessen purer Anblick meinem inneren Rumpelstilz die Freudentränen geradezu ins Gesicht trieb. Der Hippocampus kam mal wieder so richtig ins Schleudern. In schlaflosen ebenso wie alptraumerfüllten Nächten traten mir ein ums andere Mal verwahrloste Kreaturen vor das offene oder geschlossene geistige Auge, bemitleidenswerte Menschen mit extremen Entzugserscheinungen: Schichtnougatsüchtige. Wieviele hundert oder gar tausend Menschen mochten unter der Sucht wohl leiden?

Um nachhaltigen Traumatisierungen vorzubeugen und um in schweren Fällen Heilung zu bieten, wurde kürzlich die Gründung eines Vereins zur Therapie Schichtnougatsüchtiger mit einem Büro in der Schlachthausstraße vorgeschlagen, also in der Nähe des »Süßen Ecks«. Selbsthilfegruppen sollen dort die Möglichkeit bekommen, der Sucht ein für alle Mal Herr (oder Frau) zu werden, vorzugsweise durch Gesprächsrunden (»Jetzt macha mr en Krois«) und ein entschiedenes In-sich-gehen mit abschließender Selbstauspeitschung im Keller des Therapiezentrums.

Am erfolgreichsten hat sich nach bisherigen Erfahrungen die Methode des fachtherapeutisch begleiteten Einkaufs von Schichtnougat im »Süßen Eck« erwiesen. Der Therapieerfolg ist – nach letzten Befunden – nur dann nicht gegeben, wenn – was gelegentlich vorkam – die Nougat-Lieferung ausblieb oder nicht rechtzeitig erfolgte. Aber auch für diesen Notfall hat der Verein zur Therapie Schichtnougatsüchtiger e.V. Vorsorge getroffen und bietet spontane Sonderfahrten ins nahegelegene Esslingen an, wo sich das nächste »Süße Eck« befindet und Soforthilfe bietet.

Übrigens wurde der VTS e.V. kürzlich für den Ehrenamtspreis

»Starke Helfer« der renommierten Kirchheimer Tageszeitung »Der Teckbote« vorgeschlagen. Gratulation!

Exkurs:
Der Mensch wird wieder Mensch

Verehrtes Publikum,
vor allem aber: liebe Absolventinnen und Absolventen,

ich grüße Sie alle auf das Herzlichste. Ich wähne mich heute in der ambivalenten Situation, einerseits tief empfundene Freude über Ihre bestandene Diplomprüfung zum Ausdruck bringen zu dürfen, Ihnen andererseits aber gestehen zu müssen: wir haben uns so an Sie gewöhnt und uns in den vergangenen durchschnittlich 10,1 Semestern so über Sie gefreut, haben erfolgreich mit Ihnen zusammen schöpferisch gewirkt, diskutiert und auf meist hohem Niveau Denkbares und Undenkbares ersonnen, dass wir unsere akademische Existenz sehr gerne weiter mit Ihnen geteilt hätten. – Und was tun Sie? – Sie machen einfach Examen und ziehen morgen von dannen! Ja was sollen wir denn davon halten? Aber tun Sie ruhig, was Sie nicht lassen können. Sie werden schon merken, was Sie an uns und dem zur Heimat gewordenen Campus hatten. Und ach, wie werden Sie sich zurücksehnen an ihre knuddelige Kuschelecke im Studentenwohnheim Lobeda-Ost! Aus der sind Sie nun – die meisten freiwillig! – hervorgekrochen und sagen Adieu!
Ich möchte Ihnen ja nicht erzählen und Ihnen keine Angst davor machen, was Sie in der freien Wirtschaft – um den Ausdruck freie Wildbahn zu vermeiden – alles erwartet, Sie sind ja alle erwachsen und eigenverantwortlich, sind quasi Herren (und Damen) Ihrer selbst. Also bitte beschweren Sie sich nicht bei uns darüber, dass Sie ab nächster Woche Ihre Arbeitszeit verdoppeln müssen. Darüber, fern vom Hotel Mutti täglich 16 Stunden hart zu arbeiten, auf coole Nächte in den urigen Kneipen

der Jenaer Wagnergasse völlig verzichten zu müssen und auch die michelinstern-verdächtigen Gourmet-Menüs der Studentenwerks-Mensa am Ernst-Abbe-Platz nicht mehr genießen zu dürfen: all das haben Sie sich mit diesem Examen selbst eingebrockt. Langweilen Sie sich ruhig in den Headquarters und den Executive Suites (also in der Grufty-Sprache Vorstandsetagen) dieser High-Tech-Tempel der New Economy und plagen Sie sich nur mit der Vorstellung, wie Sie Ihr 200.000 Euro Jahresgehalt (exklusive Tantiemen und leistungsbezogenen Anteilen, versteht sich) sinnvoll verausgaben können. – Doch trösten Sie sich, »der Weg zur ersten Milliarde ist immer der schwerste«, wie neulich der bemitleidenswerte amerikanische Öl-Magnat und Multi-Milliardär Boone Pickens in einem rührseligen Interview bemerkte. Die erste Milliarde – das wird Ihr Problem sein. Warum soll es Ihnen anders gehen als uns? Schlaflose Nächte (schlaflose Tage sowieso) werden Sie haben und von den vielen Empfangs-Cocktails und Alcopops wie »Sex on the beach« (es handelt sich um etwas Trinkbares, wie mir meine 16-jährige Tochter versicherte), von den Wasserpfeifen und den mengenweise vertilgten Sushi-Schnittchen werden Sie Magenkrämpfe bekommen. Auch die vielen »Feiglinge«, die Sie zur Entkrampfung trinken, werden Ihnen wahrlich nicht gut tun.

Bitte sagen Sie nicht, wir hätten Sie nicht vor dem neuen Alltag gewarnt. Hier drin sitzen eine stattliche Zahl diplomierte Zeugen, Onkel und Tanten und andere Anverwandten. Aber Sie wollen ja weg, Ihre vertikale und horizontale Mobilität, also Aufstiegschance und Reichweite, augenblicklich testen. Keine Ruhe mehr. Nicht mehr die Geborgenheit der Alma mater. Und auch nicht mehr die der leiblichen Mutter. Hoffentlich bekommt Ihnen das Leben in der Elite gut. Aber wir gönnen es Ihnen, schließlich wissen wir ja gut genug, wie hart Sie sich Ihren Luxus haben erarbeiten müssen. Durch welche Täler von Tränen Sie haben waten müssen – und nicht nur Sie! Wer bedenkt den Lehrkörper, ach!

Hinter Ihnen liegen nun unendlich erscheinende Quälereien, Austastungs- und Auslastungsversuche des Grenzbereichs Ihrer kognitiven Möglichkeiten, kühle Grenznutzenerwägungen bei der Entscheidung etwa, in einem der Prüfungsfächer den Mut zur Lücke unter Beweis zu stellen oder voll zu investieren, eine Politik der Risikostreuung zu versuchen und dergleichen mehr. Sie sind ja nun Routiniers und haben gelernt, in Ihrem Alltag mit dem Faktor Risiko umzugehen. Den meisten schwante bereits vor einigen Semestern, dass und wie früh sie die neu erworbenen Kenntnisse über das Risk Management am eigenen Fall würden anwenden müssen. Man wird Ihnen nachsagen können was man will. Aber risikoscheu waren Sie nicht, sonst würden Sie nicht in Reih und Glied mit einem feierlichen Zittern hier sitzen in freudiger Erwartung Ihres hochverdienten Diploms, das Sie in ein paar Minuten in der Hand halten werden.

Sie dürfen sich nun (und müssen es vielleicht auch) erholen vom kannenweisen Genuss von Sandmännchens Erzfeind »Jacobs, die Krönung gegen den gesunden Schlaf« und Familienpackungen von Dextro-Energeen mit garantierter Doppelwirkung. Morgens schmeckt das Multivitamin-Frühstück wieder und das geifernde kleine Teufelchen im Ohr flüstert Ihnen nicht mehr permanent zu: »Was, Du sitzt noch nicht am Laptop?« – Kein erdenschlechtes Gewissen plagt mehr, wenn das eigens entliehene und rare Bibliotheksexemplar des Titels »Anatomie der menschlichen Destruktivität, oder: wie bringe ich meinen Prof zur Strecke« dem noch jungfräulich daliegenden Werk »Buchführung vorwärts und rückwärts bei Tag und bei Nacht« vorgezogen wird oder wenn man es sich für einen winzigen Moment vergönnt, das süße Leben dem sauren Apfel spartanischer Examensvorsorge vorzuziehen.

Neulich auf dem Gang im vierten Stock von Carl-Zeiß-Straße 3 in der Nähe des Prüfungsamtes glaubte ich eine Studentin den Titel leise vor sich hin singen gehört zu haben »Ich lieb' dich überhaupt nicht mehr«. Meinte Sie mich? Die BWL? Oder gar das Prüfungsamt? Ich kann mich auch verhört haben. Aber Udo Lindenberg-Songs erkenne ich eigentlich relativ sicher. Und im Grunde war ich froh, dass sie nicht mit Kai Niemann weitersang »Ich liebe dich ich hasse dich«. Wer immer gemeint gewesen sein sollte: Wir waren wohl gerade noch einmal davongekommen.

Ihre nächtlichen Träume gleichen nun nicht mehr Sequenzen aus Dr. Frankensteins Gruselkabinett und der morgendliche Blick in den Spiegel lässt einem nicht mehr vor Schreck erstarren. Heftige Verwerfungen der Nukleinsäuren und Proteine ihres Kleinhirns plagen sie nicht mehr Tag und Nacht und die sprichwörtlichen Tassen im Schrank: Da sollen mal welche gefehlt haben? – Unvorstellbar! – Panikartige Krisenerscheinungen weichen nach des Examens Müh' und Plagen stoischer Gelassenheit und an die Stelle hektischer Ultrakurz-Eingebungen treten nun Visionen und optimistische Langfristperspektiven. »Perspektive durch Retrospektive«, sage ich ja schon immer! Das Leben als solches wird wieder bejaht und der/die glücklich Diplomierte erkennt, dass es außer dem Wettbewerb auch noch eine andere Form des Entdeckungsverfahrens gibt. Nämlich die des Entdeckens des eigenen Ich. Das zeitweise ausgewanderte Selbstwertgefühl hat wieder Einzug gehalten. Die Identität kehrt ebenso zurück wie der Appetit und der Durst. Der examinierte Mensch trinkt das zehnte Glas Bier nicht mehr wie dereinst mit der entlarvenden Ausrede, das Erste Gossen'sche Gesetz, also die Beziehung zwischen Grenznutzen und Konsummenge, habe endlich einmal auf den Prüfstand gestellt werden müssen, sondern er trinkt genüsslich ein Fläschchen Rotkäppchen im Kreise seiner Lieben, ohne damit sein schlechtes Gewissen ertränken zu müssen. Der Mensch wird gewissermaßen nach dem Examen wieder Mensch und gleicht nicht mehr einer schlechten Kopie seiner selbst.

Spätestens heute verdrängt die Freud' das Leid. Sie können sich getrost für einen Moment zurücklehnen und sich mit Friedrich Hölderlin sagen: »Was kümmert mich der Schiffbruch der Welt, ich weiß von nichts, als meiner seligen Insel«. Und wenn Sie dann im Jahre 2052 glücklich und zufrieden in den wohlverdienten Ruhestand treten (falls es bis dahin noch so was gibt), werden Sie – das ist meine Prognose – das Prüfungs-Procedere noch viele weitere Male durchlebt haben und die in Jena durch zähe Nachhaltigkeit und Überlebensgeist errungene Stufe als solide Basis für alles Weitere ansehen. Sie werden Kraft und Sicherheit schöpfen weil ihre Widerstandsfähigkeit bereits einmal erfolgreich getestet wurde, Sie Vertrauen zu sich selbst gewonnen haben und nun sensibel einschätzen können, welches für Sie das genau richtige Maß an Herausforderung ist.

Sollten Sie sich jemals wieder einmal der schlimmen Tortur einer mündlichen Prüfung unterziehen müssen – was ich Ihnen weiß Gott nicht wünsche, aber die schlimmsten aller denkbaren Eventualitäten haben eine bockige Neigung zur Wiederholung – wissen Sie ja was zu antworten ist und was nie fehl gehen kann: Sagen Sie einfach, man müsse mehr differenzieren. Das ist das A und das O der Wissenschaft. Das kann, das muss man immer sagen und Sie können zu hundert Prozent davon ausgehen, dass Ihr prüfendes Gegenüber weiß, was darunter zu verstehen ist. »Differenzieren, jawohl« wird der Professor mit leidenschaftlich funkelnden Augen wiederholen und in einem Schwall von Begeisterung über die ebenso prägnante wie tiefschürfende Antwort den raffinierten Steilpass aufnehmen und das zu Differenzierende in epischer Breite und Länge darlegen. Sie dürfen sich einen Moment innerer Einkehr und Sammlung leisten in der Gewissheit, nicht mehr durch die Prüfung fallen zu können. Der Punkt ist Ihnen sicher! Sie könnten sich dabei womöglich auf Karl Kraus berufen, der meinte: »Es kommt nicht nur darauf an, nichts (oder hier: fast nichts) zu sagen, man muss es auch richtig ausdrücken können.« – »Differenzieren«! – Dies als Geheimtipp von mir – es hört uns ja glücklicherweise niemand zu.

Sie sehen: wir sind auch nach dem Examen noch bemüht, sie zu fordern und zu fördern, Ihnen die theoretische Grundlage für Ihre alltägliche Problemlösungsfähigkeit mit auf den Weg zu geben, Sie vorzubereiten auf die Herausforderungen in Wirtschaft und Gesellschaft. Auf die menschliche Größe, Empathie und Teamfähigkeit kommt es wesentlich an, das sollten wir bei all unserer Leidenschaft für die ökonomische Disziplin bzw. disziplinierte Ökonomie nicht vergessen.

Sie sahen sich im Studium nicht nur neuen intellektuellen Herausforderungen gegenüber, sondern die meisten mussten sich auf eine neue Lebensweise einstellen, lernen, mit ihrem neuen Freiheitsgrad sinnvoll und konstruktiv umzugehen. Sie hatten bald erkannt, wie viele Möglichkeiten es gab, Ziele zu erreichen: direkt, indirekt, kurvig, im Rückwärtsgang, im Flug usw. Aber konsequent, wie Sie nun mal sind, haben Sie sich meist für die erste Alternative, die gerade Linie, entschieden. Effizientes Management heißt in der Regel: Klare Vorstellung, kürzester Weg, schnellste Zielerreichung.

Sie haben das Motto unserer Fakultät, das »Management des Wandels«, sehr intensiv an sich selbst erfahren. Sie haben sich gewandelt – innerlich und äußerlich – und ihr Umfeld hat sich gewandelt. Auch ihr Zeitempfinden hat einen Wandel erfahren – im Examen zumal. Sie haben dort eine Vorstellung dessen bekommen, was man unter »Ewigkeit« verstehen könnte, dann nämlich, wenn Ihnen zu einer bestimmten Frage nichts eingefallen ist (was freilich eine höchst vernachlässigenswerte Seltenheit war). Oder Sie erfuhren, was der Wirtschaftshistoriker Fernand Braudel (ich kann's nicht lassen) mit dem »Drama des kurzen Zeitraums« oder der »journalistischen Zeit« meinte, nämlich das Gefühl, ständig von derselben überholt zu werden. Zwischen diesen beiden Polen, Ewigkeit und Eile, bewegten sich Ihr Studium und Examen. Und nun?

Ihre Zukunft wird erfolgreich sein, wenn Sie sich Ihrer Fähigkeiten und Fertigkeiten bewusst werden und dabei die Spielregeln beachten. Dazu gehören Fairness, Verlässlichkeit, Beweglichkeit, Ausgeglichenheit, Konzentration und Kompromissfähigkeit.

Wir hoffen, Ihnen eine profunde Ausbildung und genügend Wissen und Handwerkszeug mit auf den Weg gegeben zu haben, genug für Sie, um darauf Ihre berufliche Wohlfahrt aufzubauen und vielleicht soweit aufzusteigen, dass wir Sie in einigen Jahren als erfahrene Top-Manager in unsere Management-Kolloquien oder zur Einführungswoche einladen können. Ich hoffe, sie bleiben Ihrer Jenaer Wirtschaftswissenschaftlichen Fakultät soweit gewogen, dass Sie unsere Einladung dereinst nicht ablehnen. Im Übrigen gehen wir selbstverständlich davon aus, dass Sie Teile Ihrer üppigen Tantiemen oder gar irgendwelche BAFöG-Reste in den Mitgliedsbeitrag bei Alumni Jenenses investieren.

Wir sehen – allen derzeitigen Krisen zum Trotz – insgesamt keinerlei Anlass, unsere Prognose für diesen Examensjahrgang zu senken. Also börsensprachlich: Strong buy! Wir würden uns freuen, Ihnen bald wieder einmal, z.B. beim mitternächtlichen Chillout in der Goethe-Galerie, zu begegnen. Wir können auch gerne weiter wie gewohnt mailen, Sie wissen ja: »Hallöchen Professor... alles paletti?« usw. Meine Nerven werden's schon aushalten und Herztropfen habe ich sowieso immer in der Tasche. Gesundheit geht vor. Apropos...

An dieser Stelle möchte ich vorsorglich darauf hinweisen, Sie sollten beim Anstoßen auf Examen, Gesundheit und Fitness im Foyer und abends beim Examensball daran denken, dass schon so manche Gesundheit ruiniert wurde, weil man zu intensiv auf dieselbe anstieß.

In diesem Sinne nochmals: Herzlichen Glückwunsch zum bestandenen Examen und eine erfolgreiche Zukunft!

D' Heilige Drei Kenig

Drei Kenig sitzet en ihrem Schloss
Ond überleget – was mach' mir heut bloß?
'S isch nemme viel los em Morgaland
Mir reiset noch Weschda, ens Land Unbekannt.

»Bloß a Kart' fehlt ons«, said dr Melchior do,
«wo solla mr denn ohne Plan bloß no?«
»Mir wisset doch gar et«, wendet dr Balthasar ei,
»wo nachts dr Weschda isch, heidanei«.

»Bei Dag isch's leicht, an Weg zom fenda,
mr braucht sich do bloß noch dr Sonne wenda«,
moint dr Kaspar ond sagt no glei druff:
»heut Nacht guck' mr oifach an Hemmel nuff!«

Vielleicht fend mr en Stern, dem mr folga kenna
der et z' schnell wandert, sonsch miaß mr so renna,
oinr der hell isch ond ons weist
wia mir von Oschda noch Weschda reist.

So standet dia drei Männer en dera Nacht
ond gucket, was dui Milchstroß macht.
Dann plötzlich, sapprlott, am Hemml, ganz fern,
sehet se an Schwoif ond vornadra an Stern.

Der Anblick isch wia a Wondr gwea,
so an Stern hot des Morgaland au no nia gsea,
sei Botschaft hen se glei durchblickt
ond sofort a paar Diener zom Eikaufa gschickt.

Dia sollet da beschda Weihrauch kaufa
ond Myrrhe ond Gold, an ganza Haufa.
Die Schätz' nemmet se mit, en aller Eil'
ond laufet tagelang, ohne Verweil.

Drei Weise nennt mr dia Kenig au
denn dia kennet da Hemmelslauf ganz genau.
Se sehet em Stern a Kend mit 'ra Kron',
da Sohn von 'ra Jungfrau für da göttlicha Thron.

Bergauf ond bergab, durch Reif ond Schnee,
se folget dem Stern über Land ond See
dem goldena Kreuz, des sei Szepter war
ihr frei's Geleit gibt dr Engel Schar.

Noch dreizehn Dag sehet se d' heiliga Stadt
ond bittet en Jerusalem om Rat:
»Wo isch der neugeborene König von de Juda?
Mr wellet an fenda ond müsset ons sputa.

Mir hen sein Stern gsea em Morgaland,
ond mechtet an bsuacha ond reicha' ihm d' Hand.« –
Doch des hot scho dr Herodes ghört
der isch erschrocka, reagiert ganz vrstört.
Der möcht' jetzt wissa, wohin der Stern goht
ond wo des Kripple vom Jesus stoht.
Er frogt dia drei Weise, wo senn gsea
ond wann – so ogfähr – sei des gwea?

Se verlasset Jerusalem mit dem Verlanga
bald zu dem Kripple zu gelanga.
Jetzt sehet sen wiedr, am Hemml den Stern
ond denket, dr Herrgott hot ons doch gern.

Ond bald sehet se dort, bei de Schof auf dr Woid
a Hüttle standa, ond dr Melchior moid,
«dort miaß' mr no, do isch 'r gebora,
dr neie Heiland, auserkora.”

Em Stall fallet se dann voll Dankbarkeit
vor dem Kend auf d' Knui ond lasset sich Zeit
om auszupacka ihre Sacha
ond om dem Buale zuazulacha.

Do hot sich 's Jesusle ond Maria gfreit,
au d' Hirta ond älle arme Leit
dia dort am Kripple gschdanda senn
ond den Geburtstag miterlebt henn.

D' Nacht druff fahret de Weise em Traum ganz zemma,
dr Herr said, se sollet an andra Weg nemma,
am Herodes vorbei, zrück en ihr Land
denn d' Scheinheiligkeit von dem sei oifach a Schand'.

So machet's dia Drei vom Morgaland au
kurz noch achte lässt mr se gao,
se bittet: Gott geb ons au zom ledschda Zug
Zehrung ond Beschützung gnug.

Iber die Weihnachts-Gschicht', liabe Leut' hier drenna
solltet mr ons gemeinsam bsenna.
Au heut' lebt ondr ons dr Herodes no
ond d' Scheiheiligkeit exischdierd so oder so.

Au Morgaländr sea mr alltäglich
Wia reagier' mr? – Oftmols kläglich.
Denket dro, mr senn älle Menscha
ond solltet onsrm Nächsta emmr 's beschde wenscha.

Time on the Cross

Das Jahr neigt sich dem Ende entgegen,
schon wieder, meine Güte, wo bleibt die Zeit!
Doch gibt es keinen Grund, sich aufzuregen –
was ist ein Jährchen wie 2013 schon gegen die Ewigkeit?

Man schaut nach vorn und auch nach hinten
fragt was wird sein und vor allem was war.
Bei allem rackern, ächzen und schinden,
vergessen wird nicht: es war wunderbar, das Jahr!

Man zieht Bilanz, vergleicht Haben und Soll,
was hab' ich getan, was hätt' ich tun sollen?
Überlegt was war eher mäßig, was ganz toll?
Am End' stets die Einsicht: man muss nur was wollen!

Die Erkenntnis ist teuer, die Frage wichtig,
vor sich selbst muss jeder am End' bestehen.
Wie gestalt' ich mein Leben richtig?
Bereit sein, auch mal Umwege zu gehen.

Ein Lebenskonzept, im Wissen begründet,
in Zufriedenheit und innerer Kraft,
weist stets einen Weg, der eines Tags mündet
in Optimismus, der Hoffnung schafft.

Es ist soweit:
Time on the cross,
Die Zeitenwende – sei bereit,
die Tür zur Vergangenheit fällt lautlos ins Schloss.

Nach vorne richtet sich der Blick ein Stück,
vorbei fliegt hastend die Gegenwart
die Zukunft begrüßt Dich, es gibt kein Zurück
das Ewige ist's, das Deiner harrt.

Das Urgefühl tritt machtvoll an Deine Seite,
Relativiert, was davor absolut war.
Aus schmerzlicher Enge tritt das Weite,
frei sein ist doch wunderbar!

Oifach weiterschmunzla…

»Es wäre noch viel zu sagen, wenn man nur wüsste was.« Mit diesem ebenso offenen wie ehrlichen Bekenntnis eines Redners im Schweizer Parlament, der auch Vicco von Bülow oder Heinz Ehrhardt hätte geheißen haben können, sollen die heiteren Betrachtungen zur Kirchheimer Szene (und gelegentlich darüber hinaus) ausklingen, um eines schönen Tages in loser Folge mit unabsehbaren Folgen fortgesetzt zu werden. Bis dahin gilt die Empfehlung: Oifach weiterschmunzla…

Das Umschlagbild zeigt...
1 – Rainer Beck
2 – Gerhard Schweizer
3 – Ernst Hummel
4 – Dorothee Walter
5 – Rolf Walter
6 – Roland Beck
7 – Werner Merz
8 – Erich Albrecht

LAUSBUABA
elende!

© **Dr. Rolf Walter, 2013**

Herstellung und Verlag:
BoD – Books on Demand, Norderstedt

BOD

Layout und Satz: Kristof Schmit, www.deepr.de
Illustrationen und Umschlaggestaltung: Anna Korbel

ISBN: 978-3-7322-5484-2

Rolf Walter

»Herr Professor,
Sie sind ein Lausbub!«

Eine autobiographische Spätlese

»Herr Professor, Sie sind ein Lausbub!«
ISBN: 3-931743-76-4

Rolf Walter

Geschichte der Weltwirtschaft

Eine Einführung

Böhlau UTB

Geschichte der Weltwirtschaft. Eine Einführung
ISBN-13: 978-3-8252-2724-1
ISBN-10: 3-8252-2724-3

Rolf Walter

Wirtschafts-
geschichte

Vom Merkantilismus
bis zur Gegenwart

5. Auflage

Böhlau UTB

Wirtschaftsgeschichte. Vom Merkantilismus bis zur Gegenwart
ISBN-13: 978-3-8252-3387-7

Rolf Walter
Einführung in die
Wirtschafts- und
Sozialgeschichte

Böhlau UTB

Einführung in die Wirtschafts- und Sozialgeschichte
ISBN-13: 978-3-8252-3085-2